中華文化叢書

瓷器

劉行光 編著

在古代，中國瓷器享譽世界，中國被讚為世界瓷都；在西方，「中國」更是與「瓷器」同名。可見，在外國人眼中，瓷器與中國的聯繫有多深厚。瓷器是中國向世界展示的除絲綢之外的另一張名片，也是中國古代文明最具代表性的成就之一。

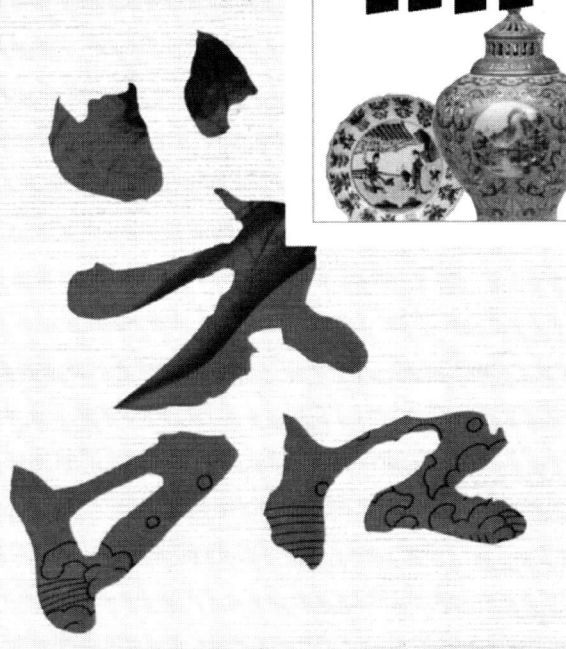

秘燁文化

前　言

瓷器，是我國古代勞動人民的偉大發明之一，至今已有兩千多年的歷史。在這漫長的歲月中，瓷器幾乎進入每一個人的生活當中。當人們在品茶，就餐、飲酒和喝咖啡時，瓷器就無時無刻不在身邊。

在我國，陶瓷業遍及全國各地，每一個地區都能燒製出風格獨特的精美瓷器。而景德鎮的瓷器，則被譽為瓷器中的明珠。那裡出產的瓷器，潔淨細潤，色彩豔麗，精美絕倫。它們作為友誼的紐帶，遠涉重洋，暢銷國外。許多外國朋友手捧這象徵中國古老文明的特產，發出由衷的讚歎。

其實，我國古代名瓷產地分佈頗廣，景德鎮尚屬後起之秀。從製作的工藝原理來說，瓷器與新石器時代的陶器有著千絲萬縷的聯繫，到了漢代，瓷器的發展進入成熟期。中國浙江省的紹興、上虞地區是世界上最早的瓷器生產地。在此後的數千年中，經過無數陶瓷工匠的辛勤灌溉和培植，從三國、兩晉、南北朝時期起，到唐、宋、元、明、清（前期），都盛開著絢麗多彩的瓷器之花。

瓷器具有實用和藝術雙重價值，一直受到國內外的歡迎。我國發明的瓷器，在唐代已遠銷國外，在埃及、敘利亞和印度等國的古代遺址中，都發現了我國唐宋時期的瓷器。近年來，在泰國南部海域，韓國新安郡海底和南大西洋聖赫勒拿島詹姆斯灣等處發現的沉船中，也撈獲了大批我國古瓷器。以上實物的發現，足以證明我國古代瓷器聲譽之高和銷售範圍之廣。怪不得歷史上西方人把我國稱為"瓷器之國"。至今英文中的"瓷器"和"中國"還使用同一個單詞："CHINA"。

我國製瓷技術，10世紀開始傳入朝鮮。13世紀，日本人在福建學會了製瓷技術並帶回本國。11世紀起，又先後傳入波斯、阿拉伯、土耳其和埃及等國家和地區，直到 1470 年傳入歐洲義大利的威尼斯。1712 年，法國傳教士將我國瓷都景德鎮的陶土帶去分析研究。直到 18 世紀初，歐洲才真正製造出合乎標準的瓷器。

　　所以，我們可以自豪地說，中國是瓷器的故鄉，中國瓷器的歷史是人類物質文化史上的一個重要內容。中國瓷器的產生和發展對人類文化做出了卓越的貢獻，其精湛的製作技藝，在世界上一直處於領先地位。

　　為了使廣大讀者對我國的瓷器有一個概貌性和比較通俗的瞭解，特寫成此書。在本書的創作與編寫過程中，我們參閱了大量報刊和書籍，並得到了高慧、沈敏慶、張華鋒、張培舉、霍朝沛、劉燕、劉金英、李志國、霍啟成等人的鼎力相助。由於編者水準所限，錯誤和疏漏在所難免，懇請讀者批評指正。

目　錄

第一編　生機盎然的原始瓷器... 1
 一、從陶到瓷的跨越 2
 二、原始瓷器的萌生 7
 三、戰國時期的原始瓷器 13
 四、秦漢時期的原始瓷器 18
 五、成熟瓷器的出現 24

第二編　中國瓷器的發展和繁榮... 29
 一、三國兩晉南北朝時期的瓷器 30
 二、冰清玉潔的隋唐瓷器 35
 三、百花爭春的宋代瓷器 42
 四、風格獨特的遼、金、西夏瓷器 47
 五、獨領風騷的元代瓷器 54
 六、綺麗多姿的明代瓷器 59
 七、五彩斑斕的清代瓷器 64

第三編　瓷器的製作和燒製工藝... 69
 一、豐富的瓷器原料 70
 二、多種多樣的成型方法 76

三、五彩繽紛的透明外衣——釉 81
　　四、焙燒瓷器用窯的發展 93

第四編　中國歷代名窯史話 101
　　一、以青瓷聞名的龍泉窯 102
　　二、纖細優雅的定窯 107
　　三、豔麗多彩的鈞窯 112
　　四、玉質瑩厚的汝窯 117
　　五、天然美質的哥窯 123
　　六、古樸精純的官窯 129
　　七、天下瓷都景德鎮 134

第五編　瓷器中的藝術精品 141
　　一、稀世之珍大龍缸 142
　　二、巧奪天工薄胎碗 148
　　三、無價之寶"秘色瓷" 152
　　四、精美的中國白瓷 157
　　五、享譽世界的青花瓷 163
　　六、鮮豔奪目的釉上彩瓷 169
　　七、稀世奇珍——黑釉瓷 175

第六編　瓷器與中外文化交流 179
　　一、搭乘駱駝流傳國外 180
　　二、漂洋過海遠赴日韓 183
　　三、風靡歐洲的中國瓷 186
　　四、製瓷技術向外傳播 190

第一編　生機盎然的原始瓷器

　　據我國目前已發掘的材料得知，大約在商代，我國先民們在長期燒製陶器的實踐中，不斷改進原料的選擇與處理方法，提高燒成溫度，並在器表施釉，創造出原始瓷器。在黃河中下游地區的河南、河北、山西和長江中下游地區的湖北、湖南、江西、江蘇南部等地發掘的商代遺址和墓葬中均有原始瓷器出土。春秋時期的原始瓷器，品質又有提高，胎質細膩，器型規整，厚薄均勻，到了春秋戰國，原始瓷器的發展達到頂峰。

一、從陶到瓷的跨越

人類掌握了用火技術和吃熟食後，就曾採用各種辦法來儲存剩餘的食物和飲用水等。經過了漫長時間的探索，終於用土摻水，在火上燒烤而發明了陶器與瓷器。瓷器與陶器有非常密切的關係，如原料的選擇、淘洗提煉、加工製泥、拉坯成形以及入窯燒製等工藝過程都是相同的，所以說製造瓷器是從陶器學來的。

1. 瓷器的前身——陶器

中國古代人民在長期的生產和生活活動中，不斷總結經驗，在很早的時候就創造出了陶器。所謂陶器，是指人們用陶土做原料，用手工捏製、泥條盤築或快輪拉坯等方法做出所需要的形狀，然後入窯燒製，一般經過700℃～800℃的溫度焙燒而成的物品。有些陶器的燒成溫度較高，達到1000℃左右。

在遙遠的古代，我們祖先不知道經過了多少艱難困苦，才從茹毛飲血的生活中解放出來，過著漁獵不定居的生活。不知道又經過多少歲月，才進入新石器時期。這時，已經出現了農業、畜牧業，人們開始定居下來了，並開始吃燒煮食物。但是當時沒有耐燒的器皿，人們盛東西用的是破瓠 蚌殼之類；要煮熟肉食和穀物，只能用所謂的"石煮法"，即將灼熱的石塊不斷投入有食物的水中，一直到水沸食物煮熟為止。這種方法十分不方便，所以人們迫切需要一種能耐火燒的盛器。

仙人洞遺址出土的陶片（新石器時代）

  另一方面，人們在長期的勞動和生活實際中，經常與泥土打交道，逐漸發現了泥土與適量的水混合後，會有黏性和可塑性，可以用手隨意把它塑造成各種形狀，在太陽下曬乾，泥坯變硬後，可盛乾東西。當這些泥坯用火燒到一定溫度後，泥坯變得堅硬，它就再也不怕水了，它不僅能盛水，而且耐火，能燒煮食物。陶器從此誕生了。

  陶器的發明和使用，使遠古居民的飲食生活條件得到了極大的改善。以陶器做炊具，可以很方便地得到易於消化並且味道鮮美的熟食；陶器又可以用來存儲剩餘的食物和用作汲水、運水的工具。陶器的發明方便了人們的生活，是人類歷史上一項劃時代的偉大發明。正因為如此，陶器一經產生，就得到迅速地推廣和發展。

  由於陶器破碎後就喪失其功用，既不能粘補，又無法改製，而且價格很便宜，因此陶器碎片被隨地丟棄，久而久之，就在地下世世代代按時代先後順序層層疊壓，形成各個堆積層。又因陶器在地下不會腐爛，仍能保持原來的形狀，有些儘管是碎片，但可以做科學分析，測出陶器燒製年代，分析出陶器所選用的原料及製作工藝。稍大一些的陶器亦可推測出原來的形狀，有的還可以復原成整器，有的陶器的表面裝飾也依然保持完整，能真實地反映當時的社會生活和文化面貌。正因為以上種種原因，地下遺存的大量、豐富多彩、形式多樣、年代可考的陶器，就成為考古學研究人類文化發展的必不可少的材料了。這就像地質工作者根據各種化石遺存來研究地質史那樣，考古工作者也常根據地層中的陶片疊壓順序，器形演變和製陶原料、工藝的發展，來探索人類歷史。這就是為什麼在一些人看來"毫無價值"的破罐、碎碟片，考古工作者卻把它們視為至寶的原因。

到了距今 4000~6000 年前的新石器時代晚期，在中國境內的幾乎所有適於遠古人類生活的地方，都出現了不同質地、形狀和紋飾的陶器。各地的製陶業都已相當發達，器物的種類繁多，造型美觀實用，地方特色明顯。從質地上分，有紅陶、灰陶、黑陶、白陶、印紋硬陶等等；從裝飾上分，又有彩陶、彩繪陶以及繩紋、印紋、鏤孔等等。製陶業的

幾何紋白陶瓿（商）

高度發達，從工藝技術和客觀需求等方面促進了瓷器的發展。尤其是夏商時期中原地區生產的白陶器和南方地區生產的印紋硬陶，燒成溫度比一般陶器要高，需達到 1000℃左右；選用的原料也已十分接近瓷土，有的甚至與後來產生的原始瓷器相同。

2. 陶和瓷的聯繫與區別

關於陶和瓷的關係問題，學術界有不同的意見，歸納起來大體有三種見解：

"陶瓷同源"論，認為瓷器是從陶器產生出來的，不承認陶與瓷在原料上的本質區別。主張從陶器發展成瓷器的過程中經歷了一個"釉陶"階段，即新石器時代的陶器，發展成商周時期的"釉陶"，再從"釉陶"發展成魏晉時期的青瓷，這樣才完成了陶器向瓷器的過渡。

"陶瓷異源"論，認為陶是陶，瓷是瓷，陶與瓷因原料不同，無論在什麼條件下，陶是絕對不可能發展成瓷的。陶與瓷是互無關係，各自向前發展的。

第三種觀點認為陶器與瓷器在本質上是兩種不同的東西，後者不可能產生於前者之中。但陶器與瓷器的關係是非常密切的，如原料的選擇、淘洗提煉、加工製泥、拉坯成形以及入窯燒製等工藝過程都是相同的，後者是從前者發展來的。

從中國古代陶瓷發展的實際情況看，最後一種觀點是比較合理的。從工藝技術上看，沒有長期以來製陶工藝的發展，瓷器是不可能發明的。瓷器主要是在總結製陶經驗的基礎上，發現和利用了比陶土性能更好的瓷土，創造了高溫窯爐，並在器表施釉而創造出來的。但是，瓷器和陶器在本質上是有區別的，主要表現在以下五個方面：

第一，瓷器的製胎原料是瓷土，即以高嶺土為主的原料；陶器一般用陶土製作，陶土則是在自然界中極易得到的黏土。到了後期，部分陶器的原料中也含有一定量的高嶺

彩紋陶器（新石器時代）

土，有的則完全用高嶺土製作。正因為如此，人們才認識到高嶺土的性能優點，為瓷器的出現奠定了基礎。

第二，瓷器的燒成溫度在 1200℃ 以上，也有學者根據中國的具體情況，把標準定為 1100℃ 以上。而陶器的燒成溫度一般在 700℃～800℃，部分使用高嶺土的硬質陶器的燒成溫度可達 1000℃ 左右。陶器本來是人類用火後的產物，而陶器產生以後，隨著製陶技術的進步，窯爐也得到了發展。同時，陶器由於具有耐火性能，可以用來作為冶煉金屬的工具，因此陶器的產生和發展又反過來促進了冶鑄業，也就是促進了高溫技術的發展。高溫技術的成熟，是瓷器產生的一個至關重要的因素。

第三，瓷器表面一般施有高溫釉，陶器表面一般不施釉或施有以金屬鉛為助熔劑的低溫釉。釉的施用使器物表面緻密化，不透水和氣，同時讓瓷器具有光澤，給人晶瑩如玉的感覺；釉還可以消除器物表面的些微裂痕，防止汙物黏附，便於清潔，增加使用強度。中國古代早期瓷器的釉使用高鈣石灰釉（其中氧化鈣的含量約佔 20%，起助熔劑的作用），這使釉層的熔融溫度與胎體的燒結溫度大致相同。這種釉明亮而流動性強，深受人們的喜愛。

溫釉的產生時間大體與瓷釉的產生時間相同或稍晚，主要以鉛為助熔劑，熔融的溫度大致在 800℃左右。目前見到的低溫釉陶器物大多用於隨葬的"明器"以及燈、爐、奩等日用器物。說明早在釉陶創製之初，人們就認識到鉛對人體的毒害作用，因而一般不用來製作飲食器。

第四，瓷器沒有吸水性或吸水率很低，一般在 1%以下，說明胎體基本燒結，敲擊有清越的金屬聲；陶器有較強的吸水性，敲擊聲音不清脆。這一點與燒成溫度密切相關。

青釉瓷尊（商）

第五，瓷器的胎體有的色白，呈半透明狀；有的呈灰、褐或黑等色，不透光，但斷面通過顯微鏡觀察均有玻璃相。陶器的胎體有紅、灰、黑、白等色，均沒有透光性，斷面一般沒有玻璃相。這種情況是由使用原料不同和燒成溫度不同決定的。

從以上的對比可以看出，儘管瓷器和陶器的關係很密切，但二者形成的條件是截然不同的。瓷器愈是發展，二者的差別也就愈大。

二、原始瓷器的萌生

在新石器時代的各期文化遺址中，考古學工作者們發掘了許多紋飾奇麗、器形別致的陶器，有紅陶、彩陶、灰陶、黑陶和白陶。在這些陶器中，質地緻密的白陶和印紋硬陶不但在原料選擇、成型技術、藝術加工和燒成溫度都已達到相當高的水準，以致現代的工匠複製這些陶器都十分困難。釉的發現和使用，使陶器發生了巨大的突破，為原始瓷器的出現創造了條件。根據考古資料顯示，原料嚴格的選擇和精煉，爐窯的改進，釉藥的使用都是從商代就開始了，原始瓷器也就在那時誕生了。

1. 瓷器出現的時間

我國的瓷器最早創製於何時？這曾是20世紀70年代至80年代前期的學術界爭論激烈的一個熱門話題。在這個問題上可謂是見仁見智，時至今日，仍有學者不時提出新的論點，學者們各執一詞，討論非常熱烈。歸納起來，大體有三種主要的觀點：

第一，認為我國瓷器起源於魏晉時期，把此前出現於商周到漢代的青釉器定名為"釉陶"。

第二，認為我國瓷器起源於商周時期，並將商周到兩漢的青釉器定名為"原始瓷器"或"原始青瓷"。將東漢末到魏晉時期最先在浙江、江蘇等地生產的、基本達到現代瓷器標準的青瓷器稱為"成熟的瓷器"。

第三，認為我國瓷器起源於唐代。

在瓷器起源問題上之所以出現不同的觀點，原因在於：古代文獻記載比較簡略，尤其是早期的文獻，因而易產生歧義；陶瓷考古獲得的資料尚不夠豐富；衡量古代瓷器的標準不同或對瓷器的理解不一致，有的批評別人是重釉輕胎，有的則批評某些標準過於求全責備。

隨著陶瓷考古工作的廣泛開展，新的實物資料不斷豐富，研究工作也進一步深入。尤其是現代科學技術在古陶瓷研究中的推廣應用，有越來越多的測試和分析資料彙集起來，為從本質上分析和區別瓷與陶提供了有力的依據。學術界對瓷器形成的條件，在經過一段時間的討論後取得了共識，即我國瓷器起源於商周時期。

原始青瓷鳥蓋罐（西周）

任何一個新事物，在其產生的初期都有一個由初級到高級的過程。瓷器也是這樣，應該有一個初級階段，或者說從陶到瓷的過渡階段。所以，學界將基本符合瓷器條件、同時又不太完善的商周時期的青釉器物定名為"原始瓷器"或"原始青瓷"，是合乎情理的，也體現了"過渡"的概念。

那麼原始瓷器到什麼時候擺脫了原始狀態，發展成為了成熟的瓷器呢？從現有的考古材料和分析研究看，東漢晚期在浙江地區已出現了各項指標都已達到現代瓷器標準的"成熟的瓷器"，表明過渡階段已經完成。有的學者將這一過渡階段又進一步劃分，將商周時期的青釉器稱作"原始青瓷"，將秦漢時期的稱為"早期青瓷"。這是對瓷器早期發展階段的進一步劃分，實際上，器物本質上並沒有顯著性的區別。

2. 原始瓷器的出現

根據我國目前的考古發掘資料可知，原始瓷器大約出現在商代中期。夏朝和商朝時，我國古代勞動人民在中原地區創製的硬質白陶器和南方地區燒製的印紋硬陶的基礎上，不斷改進原料的選擇和處理，提高窯爐的溫度，並在器表施釉，創造出了原始瓷器。

河南省鄭州商城，是商代早中期的都城遺址。在鄭州商城較晚的二裡崗上層文化的地層中，出土了一件大口尊，高 27 釐米，敞口、長頸、折肩、圓底，胎體緻密堅

青釉原始瓷尊（商）

器物內壁和外壁上都施一層青綠色的釉，釉層較薄，但光潔明亮；尊的肩部拍印方格紋，腹部印藍紋。這件器物是我國最早的原始瓷器的傑出代表。從這件器物以及全國各地出土的商周青瓷器來看，它已基本上具備了瓷器的條件，基本上屬於瓷器的範疇。同時，它又有一些不完善的地方，屬於陶器向瓷器過渡階段的產物，所以稱為"原始瓷器"。從二裡崗上層出土的這件尊看，在器形和紋飾方面，與夏商時期的白陶器和印紋硬陶十分相似。但是，將原始瓷器與白陶器和印紋硬陶相比，前者燒成溫度較高，器表有釉；後者燒成溫度較低，器表不施釉，二者有著明顯的區別。但若以原始瓷器和商周流行的普通灰陶器相比，二者則有本質的區別。首先，原始瓷器選用了高嶺土（或稱瓷土）做胎，經測試，胎中所含的三氧化二鐵的比例大大低於陶土，一般在 2%左右，三氧化二鐵的含量增加，這使得原始瓷器的燒成溫度必須大大高於陶器，因此，原始瓷器一般都是在 1200℃以上的溫度中燒成的，燒成的瓷胎有較高的透明度，並提高了白度。其次，原始瓷器表面均施釉，釉色一般呈黃綠色或青灰色。根據化學分析，當時的釉均為高鈣石灰釉，釉中氧化鈣的含量達到 20%，可能是用石灰石和黏土配製而成的。由於黏土內都含有或多或少的鐵質，所以釉中總的鐵含量約在 2%左右，在窯爐中以還原氣氛燒製，鐵會呈現出青綠色，因此原始瓷器多呈青綠色。有的時候，由於窯爐內氣氛不穩定和釉料成分的變化，也有一些呈現出黃綠色或青灰色。

原始瓷器的成形工藝，多採用泥條盤築法，即用瓷泥搓成很長的泥條，然後一圈圈盤成器物的形狀，再經過拍打和用刀刮削最終成形。在拍打時使用帶有幾何形紋飾的陶拍，在器表留下密集的紋飾。許多紋飾與同時期的白

陶器和印紋硬陶相同，說明了二者在生產地點和製造工藝上的共性。因為經過拍打，器物內壁也留有"抵手"（抵住內壁時留下的凹窩）。原始瓷器的外壁和內壁都塗釉，有的則是外壁和內壁的上部塗釉，內壁的下部沒有塗釉，釉的厚薄也不均勻，並有流釉現象。

原始瓷器的原始性表現為胎體中的含鐵量仍較高，胎料沒有經過精細的淘洗加工，因而質地比較粗糙。燒成的溫度儘管比較高，但尚未達到瓷器的標準。在燒成技術方面，窯爐尚不夠成熟，器物可能直接放置在窯床上，火焰和熱氣流不能均勻地對全器加熱，因此，有些器物的底部可能由於直接與窯床接觸或熱氣流不能達到，因而沒有完全燒結，個別器物的底部甚至用利器或指甲就能劃刻下粉末。釉層一般都較薄，而且不均勻，呈色也不夠穩定。有些器物的胎和釉結合得不好，出現"剝釉"現象。由於燒製技術不成熟的原因，不少器物表面的顏色不一致，即使在一件器物上，向火和背火的位置也會出現不同的顏色。

從眾多的考古材料可以看出，在我國黃河中下游地區的河南、山西和長江中下游地區的湖北、湖南、江西和江蘇南部地區商代中期的遺址和墓葬中，都出土了原始青瓷，比如：尊、罍、缽、罐、甕、豆和簋等，說明原始青瓷的創製應該不會晚於商代中期。但發現的原始瓷器器形較簡單，數量也很少。據統計，南方地區的原始瓷器在同期陶、瓷器總數量中所佔比例還不到5‰，在中原地區發現的就更少，在器物群中所佔比例才1　　。因此也有人認為，最早的原始瓷器僅在南方地區生產，中原地區出土的原始瓷器是通過交換從南方地區運來的。這個時期的原始瓷器胎質比較堅硬，顏色多呈灰白色和灰褐色，有少量器物的胎質為純白稍黃。釉色以青綠色最多，並有一些豆綠色、深綠色和黃綠色。裝飾方面主要是印紋，紋飾圖案有方格紋、藍紋、葉脈紋、鋸齒紋、弦紋、篦紋和S形紋，也有一些圓圈紋與繩紋。

3. 原始瓷器的初步發展

商代後期的原始瓷器，在中期的基礎上有所發展：製品種類上有所增加，品質也有了提高，燒製和使用範圍也有所擴大。商代後期常見的器形有尊、甕、圓底罐、雙耳罐、圓底盆、缽、豆、器蓋、壺、圈足簋和碗等。胎體的顏色仍以灰白色為主，並有少量青黃色、淡黃色和灰色。釉色多為青色和豆綠色，也有少量醬色、淡黃色和絳紫色。器物的裝飾有拍印的方格紋、鋸齒紋、水波紋、雲雷紋、葉脈紋、S形紋、網紋、翼形紋、圓點紋，還出現

原始青瓷豆（西周）

了在器表用尖利的棍類工具劃刻花紋和絃紋、附加堆紋等新的裝飾技法。產量也有所增加，在南方地區，原始瓷器在器物群中所佔的比例增加到1%以上，到商代末期、西周初期，數量急速增長，達到了12%左右。

　　西周時期，原始瓷器的燒製工藝，又在商代後期的基礎上有了新的發展和提高，而且產地也較以前擴大了。考古工作者在北京、河北、山東、河南、山西、陝西、安徽、湖北、江蘇、浙江、江西等地的許多西周遺址和墓葬中，都發現了原始瓷器。其中在安徽屯溪，江蘇句容、丹徒、金壇等地的西周墓葬中，出土了大量原始瓷器。這些原始瓷器與銅器一同隨葬，形製和紋飾都與青銅器相似，數量往往多於青銅器。這表明東南地區的原始青瓷製造業在全國處於最發達的地位。同時，原始青瓷在生活中仍屬於一種高級用品，甚至與青銅器比肩。

　　西周的原始瓷器大多仿青銅器的形製和紋飾，這大約與原始瓷器青綠的釉色和幾何形印紋比一般陶器更接近青銅器有關。這一時期常見的器形有豆、罍、甕、簋、碗、罐、盤、尊、瓿、缽等。胎色仍以灰白色為多，釉色主要是青綠色和豆綠色，也有一些黃綠色與灰青色。器物流行幾何形印紋裝飾，圖案有方格紋、籃紋、雲雷紋、葉脈紋、齒狀紋、劃紋、弦紋、S形紋、乳釘紋、圓圈紋和曲折紋等。這一時期技術上的進步主要表現在一些器物在成形時採用了輪製成形，因而器形規整，胎壁變薄。1964年在河南省洛陽市北窯機瓦廠202號西周墓中出土的一件青釉四耳罍，高27釐米，直口稍敞，圓肩豐滿，斜長腹，圈足外撇，肩部安索狀耳、片狀耳各一對。這件器物的胎色呈淺灰色，胎泥較細。釉色呈青綠色，顏色雖較淡，但玻璃質感強，較光亮。釉層厚薄不勻，有流釉現象。從這件器物可以看出西周時期的原始瓷器儘管仍具有相

青釉四耳罍（西周）

當的原始性，但在胎質細膩、器形規整和釉色穩定等方面已有了很大的進步。

春秋時期的原始瓷器和西周的相比，品質又有提高。特別是春秋晚期到戰國時期，江浙一帶的原始瓷器，胎質更加細膩，表明當時的人們對原料的加工更加精細。絕大多數原始瓷器採用輪製成形，器壁變薄，並且十分均勻；產量也大大增加，達到了原始瓷器發展的鼎盛時期。在東南地區，其燒製和使用的數量，佔同期瓷器總數量的一半左右。器形主要有罐、瓿、盂、碗、豆、鼎等等，大部分器物無論是器形，還是紋飾，都是仿青銅器的式樣。胎質多呈灰白色，並有一些黃白色和褐紫色。釉色有青綠色、黃綠色和灰綠色。器物流行大方格紋和編織物紋印花和各種劃刻紋飾。1987年浙江省武義縣武陽鎮出土一件春秋時的瓷鑒，高23.2釐米，折沿，束頸，曲腹，平底內凹，底部是三個蹄形足。在器物外壁兩側各塑一獸，攀伏於口沿和腹壁間，腹部滿飾劃刻的曲折紋，釉色土黃，有大面積脫釉。器物的形製是典型的青銅器造型，用來盛水當鏡子，造型十分規整，並且模仿銅器在器表貼塑動物，但在釉色和掛釉的牢固等方面仍表現出原始性。

從以上情況可以看到，原始瓷器自商代中期出現以後，由於其優於陶器的性能和較銅器便宜的造價，受到人們的喜愛和歡迎。因此，原始瓷器在品質、造型、裝飾和產量上不斷地得到發展，並逐漸走向成熟。

三、戰國時期的原始瓷器

我國的原始瓷器生產，自商代到戰國的一千多年中，都在不間斷地向前發展著。特別是春秋末期到戰國早、中期的原始瓷器，胎質細膩，胎中的鐵、鈦含量較低，釉色以青綠為多，已比較接近成熟的瓷器。經過化學成分分析，紹興富盛戰國時期窯址的原始青瓷，與上虞縣小仙壇東漢時期窯址的青瓷片的化學成分幾乎一樣，說明他們使用的原料是相同的。從戰國時期已有的工藝技術來看，成熟瓷器的出現應該是指日可待的。

1. 戰國時期燒製原始瓷的地區

北方地區以夏商時期的白陶為基礎發展起來的原始瓷器，到了戰國時期就停燒了。北方地區的白陶和原始瓷器的數量本來就很少，而且大都發現於都城和大的都邑，表明這類高檔產品應與奴隸製經濟密切相關。戰國時期，隨著莊園製地主經濟的產生和發展，生產的規模以莊園為單位，因此這種不易製造的精緻產品就停燒了。直到秦漢時期才以另一種形式——低溫釉陶再次出現。

在南方地區，戰國時期仍普遍使用印紋硬陶和原始瓷器，尤其是在長江流域的江蘇、浙江、江西一帶，更為盛行。春秋末年，這一帶屬越國領地，越國為了擺脫從屬於吳國的地位，在越王勾踐的帶領下，臥薪嚐膽，執行重視耕戰的政策，經濟和文化得到很快的恢復和發展，國力日盛。這一時期，銅料被大量地用於製造兵器和農業生產工具；同時，印紋硬陶和原始瓷器又遠比銅器、漆器等生活用具廉價實用，比陶器性能優越，所以印紋硬陶和原始陶器在原有的基礎上得到快速發展，成為當時人們重要的生活用具。

戰國時期燒造印紋硬陶和原始青瓷的窯址，各地陸續有所發現，其中窯場比較集中，生產規模最大的是浙江省蕭山進化和紹興富盛兩地。另外，在浙江省德清、上虞和金華地區的一些地方以及廣東省始興、增城等地也發現了戰國時期的窯址。在蕭山進化和紹興富盛兩地共發現窯址 20 多處，而且每個窯址的範圍都比較大。例如富盛長竹園窯址，面積有 8000 平方米，集中分佈了多座窯爐。考古工作者發掘了一座窯爐，是長條形傾斜建築，斜度 16°，窯頭已遭破壞，僅存窯床和出煙孔兩部分，全長不超過 6 米，窯床內側寬 2.42 米，上鋪砂粒一層，器物就直接放置在窯床上燒製。這種窯由於外形細長低矮，依山坡而建，由高處逶迤而下，因此被人們稱為"龍窯"。龍窯火焰抽力大，升溫快，可以燒高溫，為燒成瓷器提供了條件。同時窯爐面積大，產量高。由於器物直接放置在窯床上燒製，而窯內的火焰主要從窯頂部飄走，窯底的溫度較低。所以，每當窯爐中上部的瓷器已經燒結，胎骨堅硬時，放置在窯底部的器物因底部溫度不夠而沒有很好地燒成，故被稱為"生燒"。"生燒"胎體比較疏鬆；胎質呈土黃或磚紅；用利器刻畫，便會落下粉末，仍表現出一定的原始性。

紹興富盛窯址（戰國）

蕭山進化和紹興富盛都在半山區，有山有田，還有溪流，土地肥沃，水源充足，山上林木茂盛，瓷土資源豐富，而且距離越國都城比較近，是建立陶瓷窯場的理想場所，所以成為越國陶瓷生產的重要基地。值得注意的是，這兩地都有發現印紋硬陶和原始青瓷在一座窯爐裡合燒的現象。這兩種產品，所用的原料粗細有別，成形的方法也不一樣，原始青瓷的燒成溫度要比印紋硬陶高一些。在同一窯中，要使這兩種產品都合乎要求是比較難的，因此，燒成溫度要求較高的原始青瓷往往胎體沒有燒結，表現為"生燒"現象；而燒成溫度要求較低的印紋硬陶則恰到好處，完全達到了燒成要求；部分器物則因溫度過高，超過了要求的溫度，而使器身下塌，口底粘連，這種情況稱為"過燒"。這表明，儘管原始青瓷已經創製了較長的時間，品質也有了較明顯的提高，但尚未與印紋硬陶完全分離，仍表現出一定的原始性。

原始瓷提梁盉（戰國）

　　在戰國後期，長江中游的楚國滅掉了下游地區的越國，越國原先盛行的原始青瓷也就突然停燒了。位於越國都城附近的紹興富盛和蕭山進化的20多處陶瓷窯址，都沒有發現戰國晚期的遺物。在南方長江下游地區的許多戰國晚期的墓葬中，也沒有發現用原始青瓷隨葬。戰國晚期原始青瓷發展的中斷，應與楚國滅越國的兼併戰爭有關。這個時期的戰爭相當殘酷，平民和工匠被大批殺戮，在越國都城周圍的作坊可能也遭到徹底破壞。在一些偏僻的地區，印紋硬陶的生產延續了下來，因此在戰國晚期的考古遺跡中還有少量印紋硬陶器出土。這種高度發展的工藝技術由於戰爭等人為因素而中斷、失傳的現象，在中國歷史上時有發生。這也是中國封建社會中的科學技術始終未能突飛猛進地進步的原因之一。

2. 戰國時期原始瓷器的特點

這個時期，原始瓷器的特點是胎質堅硬，細膩緻密。經過化學分析，發現這一時期原始瓷器胎料的化學成分與東漢後期浙江上虞小仙壇發現的成熟的瓷器的成分相同，說明這一時期在原料的選擇和粉碎加工等方面的工藝技術已有了很大的發展和進步。戰國時期的原始瓷器，絕大部分是用輪盤拉坯成形的。因此，器形都十分規整，胎壁較薄，而且各處的厚薄都很均勻。釉色多呈青色或青中泛黃，釉層有的厚薄均勻，有的呈芝麻點狀。在浙江德清的窯址中，還發現了戰國時期的黑釉瓷器。燒成技術方面也有了提高，浙江德清的窯址中發現戰國時期的碗、缽類，以瓷土粉作為間隔具將器物疊置入窯燒製，這增加了裝窯量，提高了產量。鑒於戰國時期到東漢中期原始瓷器的顯著進步，有學者將這一階段的瓷製品稱為"早期青瓷"，以區分商周時期更為原始的瓷器。

這個時期原始瓷器的一個重要變化就是出現了日用飲食器皿。由於原始瓷器胎質細膩，並施有光潔的青釉，利於口唇接觸和洗滌。在經過仿製青銅禮器的一段時間以後，出現了用於日常生活的碗、盤、盅、盂、缽、碟和鼎等日用生活器皿，其中飲食所需用具已相當齊備。同時，模仿青銅禮器式樣的鼎、鐘、盂、敦等也依舊大量生產。

戰國時期禮崩樂壞，各種禮制上的僭越現象十分普遍。一方面，西周時形成的使用銅禮器的制度遭到破壞；另一方面，西周時只有王公士大夫才能使用的禮器，這一時期被一些低等級的官吏和平民用來隨葬，但他們很難用青銅來製作這些禮器，於是，南北方發現了大量的用灰陶、印紋硬陶或原始瓷器仿製的禮器。這些禮器均發現於墓葬中，數量眾多，器形特大。蘇、浙、贛地區是印紋硬陶和原始瓷器生產最發達的地區，戰國初期和中期的墓葬都以隨葬大量的印紋硬陶和原始瓷器為主要特徵。如在紹興漓渚 23 座中小型戰國墓所出土的隨葬品中，印紋硬陶佔 50%，原始青瓷佔 46%；江西清江牛頭山發現了 4 座戰國墓，在出土陶瓷器 26 件中，印紋硬陶 15 件，原始青瓷 8 件。在江浙地區這個時期的遺址中，也以印紋硬陶和原始瓷器出土最多。這表明原始瓷器已被廣泛地接受，應用於生活的各個方面，也表明原始瓷器生產工藝技術的進步和產量的提高。

戰國時期保存下來的原始瓷器，無論是日用飲食器皿，還是仿青銅禮器，都製作精美，釉色勻淨。我們今天仍可以欣賞到當時窯工們精湛的技藝和深厚的藝術涵養。

　　美國西雅圖美術館收藏了一件戰國時期仿青銅器的原始青瓷甬鐘，長長的九邊形把，瘦長的鐘身，深而弧曲的下口，兩端有很尖的銑；在鐘身上部稱為鉦的部分，分四面各安裝 9 個高高凸起的圓柱形枚；在把和鉦部上有密密的仿青銅器雷紋的印紋。整器造型複雜，但製作十分精美，仿青銅的形製惟妙惟肖。器上施有一層很薄的青綠色釉，釉層有大面積的脫落現象。這是一件用原始瓷器仿青銅器的傑出代表。

甬鐘（戰國）

四、秦漢時期的原始瓷器

秦漢時期的原始瓷器發現得很少，陝西臨潼秦代遺址中發現的幾件原始青瓷罐，可部分地反映秦代原始瓷器的情況。這些罐造型比例協調，廓線比較流暢，胎質細密堅硬，燒成溫度較高，呈深灰色。外壁滿施青褐色釉，但釉層不夠均勻，僅是一種實用的貯藏器。從西漢時期到東漢時期，原始瓷器仍然是當時人們所喜歡使用的器皿。因此，秦漢時期的原始瓷器出土的地點很廣，尤其是在浙江、江蘇和湖南等地，發現的數量頗多。

1. 秦漢時期原始瓷器的特點

秦漢時期的原始瓷器與戰國早、中期的原始瓷器存在較大的差別。首先是胎、釉原料不同。從一些經過測試的標本可以看出，西漢原始瓷胎料中氧化鋁和氧化鐵的含量較高。氧化鋁含量的增加，使瓷坯有可能在較高的溫度中燒成，從而提高了瓷器的機械強度，降低在燒成中製品的變形概率。但在燒成中若窯爐內溫度達不到所需要的高度時，不僅不能達到增加強度的目的，反而會造成燒結程度差，坯體疏鬆。氧化鐵的引入，當達到一定比例時，就會給坯體帶來顏色：在氧化氣氛中燒成，胎呈紅色；在還原氣氛中燒成，胎呈灰色。氧化鐵含量愈高，胎的顏色愈深。所以秦漢時期的原始瓷，有一部分燒成溫度比較高的產品，胎骨緻密，叩之聲音清越；而多數產品則胎質疏鬆，存在大量的氣孔，吸水率高，呈灰色或深灰色，不及越國時期的細膩、緻密，嚴格地說，這些只能稱為"釉陶"。

秦漢原始瓷的胎質粗鬆，從斷面還可看到較多的砂粒，說明原料的粉碎、淘洗和坯泥的揉煉不及戰國時期精細，比較隨便。釉層也比較厚，但釉色普遍較深，呈青綠或黃褐色，很可能是因為釉料中氧化鐵的含量較戰國時高。同時釉面還常見垂釉現象，有人把這種現象稱為"淚痕"，這同釉料中氧化鈣的含量高有關。氧化鈣含量高可降低釉的熔融點，增強玻化程度，使釉產生較好的透明度。但是其在高溫時黏度低，流動性較強，掌握不好很容易產生"淚痕"。在施釉方法上，從戰國時的通體施釉變為口、肩和內底等處的局部上釉，由浸釉變成刷釉。器物的成形方法上，戰國時期是一次拉坯成器、線割器底的方法，秦漢時則普遍採用底、身分製，然後黏結成器的方法。

以上這些明顯的差異表明秦漢的原始瓷與戰國以前的原始瓷，是兩個不同時期的歷史產物，二者在工藝傳統上，看不出有直接的繼承關係。但是原始瓷又重在越國故地復興，說明燒製原始瓷的工藝傳統和影響並未全然斷絕，而是在短期中斷以後，又重新燒造。

漢代是中國封建制度走向成熟的時期，封建的莊園經濟得到了迅速發展，整個社會的價值觀念和意識形態都在這時產生了一次歷史性的變化。中國古代從夏代開始在墓葬中殉葬活人和成組的禮器，這些禮器早期主要以青銅器為主。到春秋戰國時期，一些中小型墓葬中較多地出現了陶製的仿製青銅禮器。原始青瓷產生以後，其堅硬的質地和綠、黃的釉色與銅器十分接近，因此被廣泛用於仿製青銅禮器。從秦代開始，殉葬活人的做法已被隨葬陶俑所取代，陶俑的尺寸也從真人大小到逐漸變小。西漢前期，成組的禮器仍在較多的墓葬中發現，但漸漸地，另一組與生活十分貼近的明器取代了那些成組的禮器，這些明器包括各種建築模型，如樓、倉、井等，還有各種家畜，如雞、狗、豬等，以及各種生活用具，表現出明顯的莊園生活氣息，祈盼著死者可以在另一個世界裡享受同樣的莊園生活。青銅器逐漸退出了墓葬隨葬品的行列。

青釉原始瓷劃花雙系罐（西漢）

這一現象也充分體現在原始瓷

器的器形當中。西漢初期，原始青瓷的器形主要有鼎、盒、壺、敦、鐘、罐、瓿等，大都仿照當時的青銅禮器，造型大方端莊。到了西漢中期，發生了一些變化，敦已不見，有些器物的造型大不如前，如鼎變成了似鼎非鼎，盒也似盒非盒，預示著這套仿青銅禮器即將被新的器形所代替。果然，到西漢晚期，鼎、盒一類仿青銅禮器的器物逐漸消失，壺、瓿、罐、鈁、洗、盆、勺等日常生活器具急劇增多，還出現了牛、馬、豬等明器。東漢早、中期，瓿、鈁等仿青銅禮器已不再燒製，而罐、盤口壺、碗、盤、洗、熏爐等日常生活器具大量流行。從這個時期開始，原始瓷器的生產已經轉向日常生活。

在器物的裝飾方面，西漢初期一般比較簡樸，器物僅飾以簡單的劃刻弦紋或水波紋，未見繁複的紋樣。西漢中、晚期裝飾的紋樣變得比較複雜，除了運用劃、刻花紋外，還使用了簡單的貼花技法，常見的紋樣有水波、卷草、雲紋、人字紋和絃紋等；在壺、罐等器物上的雲紋之間還往往配飾神獸、飛鳥，畫面十分生動，可與同時期的銅、漆器圖案相媲美。東漢早、中期的裝飾重新變得簡單了，最流行的是加工簡單的弦紋和水波紋，少數還貼飾鋪首。

1962年上海市青浦縣駱駝墩出土了一件西漢早期的原始瓷鼎，高16.7釐米，鼎為斂口、曲腹、平底，下承獸頭形二足，口沿部安雙耳，鼎蓋為圓拱形，頂上安裝3個支撐；褐胎，下腹不施釉，口沿以上施青釉，釉層不勻，呈斑塊狀，釉色青中泛黃。美國阿瑟·姆·賽克勒博士收藏一件西漢中期的原始青瓷長頸瓶，高28釐米，長直頸，圓鼓腹，近直的假圈足；灰胎，露胎部呈深棕色，腹中部以上施青綠色釉，釉層較薄；頸部劃刻水波紋，肩部劃刻鳥紋，鳥身上壓印點紋。上海博物館藏一件東漢前期布紋原始青瓷雙系罐，高19.4釐米，侈口廣肩，肩下有兩個橫向的系，平底。罐表施青綠色釉，施釉至下腹，釉面有流釉現象；肩部飾水波紋，腹部滿印布紋。

布紋原始青瓷雙系罐（東漢前期）

2. 南北方原始瓷器的燒造

到目前為止，有關秦至西漢時期原始瓷器的燒造地點，還沒有確切的考古資料來證實，但這一階段原始瓷器的主要發現地點均在南方，大約在浙江、江蘇或湖南等地。東漢時期生產原始青瓷的窯場已在浙江一帶發現，主要在浙江的寧波、上虞、永嘉、德清和江蘇的宜興等地。這些窯址的文化堆積都很豐厚，燒製的地點也很多。尤其是浙江上虞窯址，僅1977年就在上虞發現了東漢的窯址36處，分佈在大頂尖山、龍松嶺、鳳山、大湖罨和四峰山等地，形成5個大的窯址群。

各窯址的時代有早有晚，但互相銜接，在發展時間上存在明顯的連續性，證明這一地區東漢時一直在持續生產原始青瓷。

有趣的是，上虞地區的窯址在東漢早、中期的原始青瓷生產，有一個重要的發展變化，即由原來的以燒印紋硬陶為主、兼燒少量原始瓷器的狀況，逐步發展為以燒原始瓷器為主。原始瓷器在陶、瓷同窯合燒中取得了主要地位。這種狀況在東漢中期稍晚的階段進一步加強，在大湖罨窯址群發現，印紋硬陶不僅已完全用瓷土作胎，而且部分製品還施了釉，實際上已經是瓷器了，證明兩者同窯合燒。在四峰山窯址群的個別窯場中還出現了專門燒青瓷的窯，成了名副其實的瓷窯。從此陶器與瓷器徹底分家，瓷器生產成為一個新的獨立的手工業部門，原始瓷器擺脫了原始性，發展成為成熟的瓷器。

兩漢時期，與南方地區廣泛燒造的原始瓷器相並行，在北方地區則大量發現施低溫鉛釉的釉陶器。根據考古發現，兩漢時北方地區主要有兩種不同的釉陶：

第一類是翠綠色的釉陶器。這類器物均用作墓葬中的隨葬品，風氣較先，主要發現於漢代的政治中心洛陽、長安一帶。主要器物多是日用器中的壺、尊、奩等，以及各種陶建築明器，如樓、倉、井、圈、灶等和各種家畜等，還有一些不同形態的人物俑，屬於死者"享用"的各種雜器和驅使的奴僕，此外還有博山爐，各種不同形態的燈等。許多器物上都有浮雕的紋飾，

青釉水井（東漢）

如狩獵紋、四神和耕戰等，與當時十分流行的畫像磚、畫像石一樣，反映了豐富多彩的社會生活題材。有學者認為，這種翠綠色亮釉的調和技術有可能是當時的方士從別處傳來，或在煉丹中發明，起先只是在帝王宮廷中使用，到東漢才普遍用於民間。總之，這類器物造型豐富，裝飾華美，體現了漢代政治經濟中心地區較高的製作水準和文化含量。如北京大學賽克勒考古與藝術博物館館藏的東漢綠釉尊，出土於陝西咸陽寶店5號墓，高23.5釐米，泥質紅陶，三足奩形，帶博山形蓋，通體施翠綠色釉，腹部浮雕四神像和鋪首銜環紋飾。

第二類是栗黃色亮釉陶器，主要發現於比第一類發現地區更北的廣大地區，生產的時代約在西漢末期，一直延續到三國或更晚的時期。在器類上大體與第一類相同，也有一些俑類，在造型風格上從實用出發，但十分美觀。這類器物的特徵是釉色深黃或明黃，十分光亮。裝飾上比第一種簡單，極少有帶貼塑裝飾，但有一些加綠色釉彩裝飾。這類器物與第一類一樣，也是用於殉葬，但比第一類要小，表現周邊地區的風貌。在北京市海澱區八裡莊一座曹魏時期的墓中出土了一批黃釉器物中有一隻灶，長16釐米，紅褐色胎，長方形，上有一灶眼，埋一釜，釜上置甑，前側有火牆、灶門，後側有煙道。灶面模印出瓶、火釺等庖廚用具。通體施深黃色釉，釉層很薄，有大面積剝釉。

以上這兩種釉陶的做法，給後來唐三彩鉛釉陶器的做法指明了發展方向。

從總體情況看，秦到東漢中期在全國範圍內陶、瓷器的生產處於穩步發展的階段，為東漢晚期成熟瓷器的創製準備了條件。到這個時期為止，文獻中尚無任何有關瓷器的記載。在東漢許慎編寫的我國最早的字典《說文解字》中，並沒有"瓷"字。這說明東漢的實際生活中沒有這個字，瓷器在當時也還沒有成為一個固定的物品種類。但有些學者認為，1972年—1974年在長沙馬王堆西漢初年軟侯利蒼及其家族的三座墓中出土的一大批木簡和竹板上，都發現了用墨筆隸書的

原始瓷青釉劃花雙系壺（西漢）

"資"字，如"醬一資""鹽一資""魚魷一資"等，又因為發掘報告中認為被稱為"資"的器物使用的原料是"似屬高嶺土"之類，因而認為這些"資"字就是瓷字。然而湖南的學者認為，"資"只是一種容器名，與"牛苦羹一鼎""牛脯一筍"中的鼎和筍字的意義相同，實際上被指為"資"的器物是一種印紋硬陶罐或壺，有些肩部有一層薄釉，由於胎質較粗，與原始瓷器相比較為遜色，因此不應是瓷字的同義詞。但無論如何，這種情況仍然表明了當時人們對瓷器認識的不確定性。

五、成熟瓷器的出現

東漢晚期成熟瓷器的燒製成功，是中國瓷器發展史上一個重要的里程碑。這是製瓷工匠們在燒製原始瓷器的長期實踐中，不斷總結經驗，逐步提高製作工藝水準的必然結果。

1. 考古發現與東漢製瓷

將成熟瓷器出現的時間確定於東漢晚期，是以考古資料和對考古資料進行化學分析、物理測試所得出的科學資料為依據的。

20世紀70年代以來，在浙江上虞、寧波、永嘉、余姚和江蘇宜興等地發現了不少東漢時期的瓷器窯址，其中在上虞發現的東漢晚期的小仙壇、帳子山和石浦等窯址出土的青瓷器品質較高，它們的胎呈灰白色，質地緻密、堅硬，胎釉結合牢固，釉呈淡青色，釉層均勻，釉面光潤，淡雅清澈。中國科學院上海矽酸鹽研究所對小仙壇窯址出土的一種斜方格紋罍的殘片作了化學分析和物理測試，結果是：胎中氧化鐵和氧化鈦的含量較低，分別為1.64%和0.97%；燒成溫度為1310±20℃，胎已燒結，吸水率為0.28%，顯氣孔率為0.62%；抗彎強度710千克/立方釐米；胎中殘留的石英顆粒較細，分佈均勻；釉為石灰釉，厚薄均勻，呈青色，釉面光亮透明；釉胎交界處形成一個反應層，使得胎釉結合較好，無剝落現象。

對其他瓷片的分析測試也表明，小仙壇窯址東漢晚期地層中出土瓷片的總體面貌為：瓷質光澤，透光性較好，吸水率低，在1260℃～1310℃的高

小仙壇窯址

溫下燒成。器表通體施釉，其釉層比原始瓷顯著增厚，而且有較強的光澤度，胎釉的結合緊密牢固。釉料中含氧化鈣 15%以上，在還原氣氛中燒成，所以釉層透明，表面有光澤，釉面淡雅清澈，猶如一池清水。上述特徵和資料已與後來的青瓷相同或接近，表明東漢晚期的瓷器，已經基本擺脫了原始瓷器的原始性，具備了成熟瓷器的各種條件。因此，將成熟瓷器出現的時間定在東漢晚期應該是比較妥當的。

關於這一點，從墓葬資料中也可以得到印證，如在浙江奉化發現的一座東漢熹平四年（175 年）的墓中出土的五件青瓷器，器形有五聯罐、罐、耳環、熏爐、灶，造型規整別致，胎呈灰白色，細膩緻密，釉層均勻，釉色青綠，釉面光潤。這幾件瓷器雖未經化驗，但從直觀上看，胎、釉情況已同小仙壇窯出土的相似，顯然也已是成熟的瓷器了。這個實例不但說明了成熟瓷器的存在，而且成熟瓷器的使用在當時已經較為普遍了。

除了在浙江的上虞等一些市、縣有發現燒製成熟瓷器的窯址，在江西豐城市港塘村也有發現。但在東漢晚期，港塘窯燒製的瓷器雖已達到了成熟瓷器的標準，可是品質還不如上虞燒製的好。

成熟瓷器的發現地點比較廣泛，迄今在浙江、江蘇、江西、湖南、湖北、安徽、河南、河北等地的許多東漢晚期的墓葬或遺址中或多或少均有出土，尤以浙江、江西發現的數量為多。而且在發現的東漢晚期成熟瓷器中，不但有青瓷，還有黑釉瓷器，說明在東漢晚期不但燒製青瓷，而且還生產黑瓷。

古龍窯

燒成技術方面，在浙江、江西發現的燒製成熟瓷器的窯爐仍然是龍窯。但這時期的龍窯較戰國時期的龍窯有了很大的改進和提高。

浙江上虞帳子山發現的兩座龍窯遺址比較典型。這兩座龍窯遺址的前部均被破壞。一號窯殘長 3.90 米，據遺跡推算其全長可達 10 米左右，寬 1.79～2.08 米。窯床的傾斜度，前段 28°，後段 21°。窯牆壁以黏土做成，殘高 0.32～0.42 米。據有關跡象測算窯頂至窯底的垂直高度約在 1.10 米。窯室後部有一堵牆，牆下部留有煙火孔，牆後有排煙坑，與窯室等寬，長約 0.6～0.7 米，平面為橫向長方形。

在江西豐城港塘窯址發現的一座東漢晚期燒造成熟瓷器的龍窯遺址，全長約 10 米，寬約 2 米，從被取土破壞了的斷面上看，從上至下有九層燒結面，最上一層的傾斜度，中後部為 19°，窯尾為 9°。

這三座龍窯較戰國時期的明顯加長，傾斜度也趨於合理，即前部較小，中後部較大，窯尾較小，這樣便於控制火焰在窯內的流動速度，有利於瓷器燒成。說明此時擋火和排煙設施也有了較大的改進，技術趨於成熟。

不僅如此，從帳子山兩座窯內發現的瓷器觀察，似乎一號窯以燒製碗、盞等小件器物為主，二號窯則以燒製壺、罐、罍等大件器物為主，表明兩窯有分工製作，進而推測兩窯可能歸屬於同一個作坊主經營。還應特別指出的是，在三座窯的窯內堆積和窯外堆積中都發現有窯具：帳子山一號窯窯床面上有斜底直筒狀支座，疊燒器物時用於間隔器物的三足支釘；帳子山二號窯窯床面上有束腰斜底喇叭口狀支座，造型較大，其中最大的高 33.5 釐米，托面直徑 20.5 釐米，底徑 22 釐米；港塘窯發現有平底束腰喇叭口狀支座。支座的流行改變了以往將器物坯體直接放在窯床上焙燒的做法，可以增強燒成效果，提高品質。

2. 東漢瓷器概覽

在東漢瓷器中，青瓷是大宗產品，常見的器形有罐、壺、罍、鐘、碗、缽、盤、盞、盆、洗等，此外還有少量的五聯罐、唾盂和硯臺等，絕大多數都是日常生活用器。原料一般都經過精細的淘洗和加工，質地堅硬、細膩，多呈灰和灰白色。釉多呈淡青或青泛黃色，釉層均勻，有較好的光澤。裝飾花紋仍多是原始青瓷中常見的一些紋樣，如弦紋、水波紋、網紋、方格紋、布紋和貼印的鋪首紋等，但在個別器物上已開始出現比較複雜的堆貼紋飾，如在浙江黃岩縣出土一件青瓷五聯罐。

五聯罐是因在本罐的門肩部附加四個壺形小罐，使五罐連為一體而得名。這種器形是東漢時期專為隨葬而燒製的明器。青釉五聯罐出土於浙江黃岩一座東漢墓中。通高 39.8 釐米，腹徑 23.5 釐米，口徑 6.1 釐米。全器呈葫蘆形，小口，腹部圓鼓、底平。瓷胎呈灰褐色，質地堅硬。腹部以上施青黃色釉，以下露胎。釉面潤澤，垂流成斑，懸於器腹中部，給灰褐色的胎色平添幾分生氣。特別引人注目的是繁縟的裝飾，在罐身上錯落有致地堆塑有人物、禽獸、爬蟲和植物等，層次分明。在罐肩部堆貼 4 只飛鳥，鳥首正對著 4 只小罐之口；飛鳥間又堆貼著 4 只棲息狀小鳥。4 小罐頸部正面各堆貼一隻振翅高飛狀的鳥；底側各堆貼一對飛鳥。小罐間附加人字紋弧形耳。與 4 耳相對的罐下腹部，堆貼桑葉 4 片，各葉柄堆貼一作爬行狀的蠶，桑葉間又堆貼向外跪立的猴子 4 只。此外，在罐肩部與頸部、腹部還飾有數道凹弦紋。青釉五聯罐從胎釉造型看，應屬浙江婺州窯早期產品。這件五聯罐對研究婺州窯的早期產品提供了珍貴的實物資料。

浙江省湖州市博物館在 1900 年發掘一座東漢晚期磚室墓時，清理出了一隻

青釉五聯罐（東漢）

完整的青瓷貯茶甕。該甕距今已有 1800 年左右歷史，現珍藏於湖州市博物館。這件青瓷貯茶甕，高 33.7 釐米，最大腹徑為 36.3 釐米，內外施釉。器肩部有一個"茶"字，這表明它屬漢代民間貯茶用具。另在甕的肩腹部堆貼有 4 個系，這樣既便於提攜，又增加了裝飾美。整件器物，在敦厚中蘊含秀美之感，表明東漢青瓷茶具已發展到很高的製作水準。

青瓷貯茶甕（東漢）

黑釉瓷器的出現是東漢晚期瓷業中的一項重要成就。它是在原始醬色釉瓷器的基礎上發展而來的。這時期黑瓷的器形還比較簡單，以壺、罐、罍等大件器物為多，也有少量的碗、洗等。造型與青瓷中的同類器物基本相同。但原料加工不夠精細，胎體質地不夠細膩，含鐵量一般為 2.3%～2.8%，胎色多為深灰和灰黑色。器物外表所施釉亦是石灰釉，釉料內含氧化鐵量為 4%～5%，釉色呈黑或黑褐色，釉層厚薄不勻，器表的低凹處釉往往較厚，常常還有下垂的"淚痕"。黑釉瓷器的花紋裝飾一般與青瓷相同。

黑釉瓷器的燒成是一個新的突破，釉色雖不如東晉、南朝、唐、宋黑瓷那樣明亮美麗，但作為起點，無疑是難能可貴的。黑瓷選料不精，工藝也不複雜，製作成本低廉，經濟實惠，為瓷器在民間生活中的普及和瓷器生產的發展開闢了新的途徑。黑瓷製作技術提高很快，到唐、宋時期便成為一個獨具風格的瓷器體系。黑瓷還遠銷海外，在朝鮮、日本和東南亞等國家和地區享有很高的聲譽。

無論青瓷，還是黑瓷，一般都是陶車拉坯成形，都使用浸釉法施釉。由上述可見，東漢晚期成熟瓷器的製作工藝和品質較原始瓷器有了長足的進步和提高，但是它畢竟是剛剛從原始瓷器演進、發展而來，無論在造型、裝飾，還是在燒成技術等方面都明顯存在著原始瓷器的烙印，尚未形成自己特有的藝術風格。

第二編　中國瓷器的發展和繁榮

　　從製作的工藝原理來說，瓷器與新石器時代的陶器有著千絲萬縷的聯繫。到了漢代，瓷器的發展進入了成熟時期。中國浙江省的紹興、上虞地區是世界上最早的瓷器生產地。在此後的數千年中，經過無數製瓷工匠的辛勤灌溉和培植，從三國、兩晉、南北朝時期起，到唐、宋、元、明、清（前期）等各個不同的朝代，都盛開出了絢麗多彩的瓷器之花。

一、三國兩晉南北朝時期的瓷器

三國兩晉南北朝時期是我國歷史上分裂割據的時代，朝代更迭頻繁。北方戰禍連年，民不聊生，社會經濟遭到嚴重的破壞，直到鮮卑拓跋部建立北魏政權，統一北方後，社會經濟才有了恢復和發展。北方陶工學習南方製瓷經驗，燒造了青瓷、黑瓷、白瓷和彩繪瓷。南方戰亂較北方少，加上北方大量流民南遷，人口激增，使社會經濟得到發展，交通得到改善。隨著一些重要城市的興起，商業也發展了起來，這些均為瓷器手工業的發展創造了條件。

1. 南方青瓷的成熟與發展

三國到南朝的漫長時期，中國大部分時間處於南北對峙的狀況。在這期間，南方地區戰亂較少，社會相對安定。而黃河流域一帶自西晉末年以來戰亂不斷，社會經濟遭到嚴重破壞，民不聊生。中原廣大人民和一些士族地主大批渡江南下，尋找安身立命之地，使江南人口激增。在江南建立的幾個封建政權又都比較注意採取措施發展生產，使農業生產得到逐步擴大。隨著人口的增加，經濟的繁榮，社會對瓷器的需求量有了大幅度的增長。在這些條件下，南方地區的製瓷業得到了空前迅速的發展。

首先，瓷器製造業的發展表現在生產地域的擴大方面。浙江是我國瓷器最重要的發源地之一。早在東漢晚期，上虞、寧波、慈溪和永嘉等地已經開始生產成熟的瓷器。三國以後，余姚、紹興、蕭山、德清、金華、麗水、臨海等地也相繼開始燒瓷。窯場分佈在今浙江北部、中部和東南部的廣大地區，它們分別屬於早期越窯、甌窯、婺州窯和德清窯，並初步形成了各自的瓷業系統。其中越窯發展最快，窯場數量多、分佈廣，產品品質最高，成為這一階段瓷業發展的龍頭。

與此同時，江蘇地區的製瓷業也有了較快的發展，位於太湖之濱的宜興及其南面的吳興等地，在東吳、西晉時燒製出了具有一定品質的青瓷器。江西豐城羅湖、龍霧洲一帶是早期洪州窯的遺

洪州窯蓮瓣紋罐（南朝）

址，這裡最遲在東漢晚期就燒製出比較成熟的瓷器了。東晉南朝時逐漸進入了興盛時期，為洪州窯在唐代成為六大青瓷窯之一奠定了基礎。東晉南朝時期洪州窯所燒製的青瓷蓮瓣紋碗、蓮瓣紋盤等，品質精湛，可與同時期浙江上虞一帶燒造的青瓷相媲美。

由此看來，浙江、江蘇、江西一帶是這時期製瓷業發展最快，也是最發達的地區。此外，在長江中游地區的湖北、湖南的一些地區發掘的東吳時期的墓葬中，發現了一些青瓷器，其中一部分是浙江的產品，也有一部分是本地的產品。經過考古調查，在湖南湘陰青竹寺、樟樹、窯頭山和城關等地發現了早期的青瓷窯址，其中城關窯的時代可能早到西晉或東吳末年。這說明長江中游地區通過與下游地區的交流，到東吳末年也開始燒造瓷器了。

西晉統一，為南方製瓷技術的交流、推廣提供了方便。大約在西晉以後，南方各地開始較普遍地建立窯場燒瓷，安徽的淮南窯在東晉南朝時也已開始生產青瓷器，為唐代的名窯——壽州窯的興起打下了基礎。長江上游地區繼中游地區開始燒瓷後，於東晉南朝時期也開始大規模地燒瓷，如今在四川邛崍固驛、成都青羊宮、新津玉皇觀等地

青釉雞頭壺（西晉）

都發現了這一時期的窯址。同時，窯業也向嶺南地區擴展，福建福州的天山馬嶺窯、閩侯窯，泉州的磁灶窯都創燒於東晉至南朝時期。廣東目前尚未發現這時期的瓷窯遺址，但這裡墓葬中出土的兩晉、南朝時期的青瓷器，很多與周邊地區已知窯址中出土器物的面貌不同，有較為明顯的差別，推測這些器物很有可能是本地所燒造的。無論是老窯區還是新瓷區，以上這些燒瓷地點都表現為製瓷技術進步較快、產品品質提高的特點。到南朝以後，逐步形成了各自的特色。

青釉堆塑穀倉罐（三國·吳）

其次，從瓷器的品種和裝飾上看，三國至南朝時期與東漢末期相比，種類增加，造型更加豐富多彩，並且日益向實用化發展。在器表的裝飾方面，無論是花紋圖案的內容，還是裝飾技巧方面，都比東漢晚期有了長足的發展，內容題材已完全突破了幾何形的程式化圖案，日益貼近生活，如各種反映莊園經濟日常生活的圖案和這一階段開始廣泛流行的佛教內容。從品種上分，這一時期南方燒製的瓷器品種有青瓷和黑瓷兩種，以青瓷為主。

2. 北方製瓷業的產生與成熟

現在學術界對於北方是否能燒製原始瓷器仍有爭議，因為迄今為止還沒有發現北方地區燒製原始瓷器的窯址，但又有眾多的證據仍能支持北方燒製過原始瓷器的論點。戰國早期，北方地區的原始瓷器驟然消失，北方地區燒瓷的歷史即告中斷。秦漢時期，北方地區墓葬中發現的主要是綠、黃兩種釉陶，零星發現的原始瓷器均為南方的產品。

從東漢末年的黃巾大起義，到此後的群雄逐鹿中原，中原北方地區一直是戰亂的中心。曹魏到晉初雖有短暫的穩定，經濟稍有恢復，但從兩晉"八王之亂"到"十六國混戰"的 100 多年間，北方一帶戰亂連綿，廣大人民生活在水深火熱之中，大量遷徙流亡，致使土地荒蕪，人口凋零。昔日中原的繁榮城市，也遭到嚴重破壞，手工業極度衰落，這時期幾乎沒有出現過精美的工藝品。製瓷業在中國產生後，突飛猛進地發展，卻僅限於南方。從目前的考古材料看，北方地區的瓷器手工業興起的時間比南方要晚得多。在曹魏時期的墓中，很少見到以瓷器為隨葬品的情況，

青釉貼花四系盤口壺（西晉）

個別墓中雖然有一兩件，但都是南方的產品。例如，在徐州賈汪發掘的一座曹魏時期的墓葬中，出土了青瓷壺和其他器物殘片，胎質細膩，釉呈淡青色，有的飾麻布紋，這些特徵與南方東吳時期的青瓷相同，顯然是南方的產品。西晉時期墓葬中發現的瓷器數量有所增加，如在洛陽發現的西晉太康八年（287 年）、永寧二年（302 年）等墓中出土的一些青瓷器中，有罐、碗、缽、盆等。這些青瓷器胎質細膩，多呈淺灰色，施青綠色釉。在一件盒的殘片上有水波紋、小方格紋和鋪首紋裝飾，這些特徵都與南方同期的青瓷相同，說明這些也是南方的產品。南方的瓷器向北方輸出，得到了北方統治者的喜愛，這對瓷器在北方的最終產生是有促進作用的。

　　從十六國到北魏遷洛以前（4 世紀—5 世紀末期）的漫長階段中，中原北方地區發現的瓷器很少。439 年，北魏太武帝統一了中國北部；450 年—451 年侵宋失敗，從此確立了南北分立的局面。北魏孝文帝時期，實行漢化政策，推行均田制，扶助依附農民定居分田，限制普通地主使用奴隸，使得農業得以恢復發展，經濟復甦。北方地區經濟的發展，為手工業的復興提供了條件。在山西大同發現的北魏延興四年至太和八年（474 年—484 年）的司馬金龍夫婦墓，是孝文帝遷洛以前的一座非常重要的墓葬，其中出土的一

件青瓷唾盂，器形規整，造型勻稱美觀，通體施釉，釉色青泛黃，是這個時期的瓷器精品。司馬金龍是降附於北魏的西晉皇族，深受寵信，受封為琅琊王。這些漢人官吏對青瓷器的垂青，也對北魏的統治者產生了重大影響。同時，隨著北方趨於穩定，南方青瓷不斷傳入，製瓷工藝技術也自然而然地傳入北方。

北魏孝文帝遷洛，是孝文帝改革的重要舉措，也是北方地區經濟恢復發展的重要標誌。北魏遷洛以後的北魏晚期（6世紀初），墓葬中出土的瓷器逐漸增多，如在北魏正光二年（521年）河北景縣的封魔奴墓、北魏建義元年（528年）河南洛陽的元邵墓等中，均出土了一些青瓷器。這些青瓷器的器類簡單，主要為罐和碗。器物造型渾厚，胎體厚重，胎色淺灰，質地較粗糙；釉色變化大，大多呈青黃色或青褐色，釉層較薄，尚未見裝飾花紋。這些特徵與南方產品有明顯區別，無疑是北方地區燒造的。這說明北方青瓷製造業大約興起於6世紀初，即北魏晚期。

北方瓷器燒造業興起之後發展很快，到6世紀中期及其以後的東魏、北齊時期，北方燒製的瓷器已在墓葬中相當普遍，在東魏、北齊勢力範圍內發掘的一些大墓幾乎都有瓷器出土，數量也急劇增加。如河北贊皇東魏李希宗墓出土18件，磁縣北齊武平七年（576年）高潤墓中出土17件，說明東魏、北齊時期北方瓷器手工業已迅速崛起。尤其是北齊時期，是北方瓷器史上的重要時期，儘管時間短，但取得的成就較大，為隋唐瓷器生產的繁榮打下了基礎。

青釉刻花六系瓷罐（北齊）

二、冰清玉潔的隋唐瓷器

581 年,隋統一了全國,儘管統治時間不長,卻開創了一個新的歷史時期。隋朝和相繼的唐朝,使全國統一的局面維持了約三個半世紀。這期間社會的經濟空前發展,尤其在南方地區,達到了空前的繁榮。舊有的和新興的手工業都在此間得到了發展,實現了繁榮。瓷器手工業恰好是隋唐時期經濟全面繁榮發展的一個縮影,並且進入了南北共同發展的階段。

1. 隋代製瓷業的發展

隋的統一,歷年甚短。但隋是以北朝為基礎統一全國的,因此隋代的文化面貌常帶有較濃重的北朝色彩。南北政治的統一,促進了南北經濟、文化的交流和融合。隋開修南北大運河,更促進了這種交流與融合。由於中央政府設立在北方,因此南方的物品和工藝技術更多地傳往北方。從整體情況看,北方瓷業的新發展,表明隋代在瓷器史上開始了一個新時期。

隋代的青瓷仍分為南方和北方兩個系統,但南北方趨同一致的方面增多。南方青瓷生產的地點增多,除了浙江、江西、江蘇等地的窯場數目進一步增多以外,安徽、湖南和四川等地窯場青瓷生產的水準也進一步提高。如安徽的淮南窯,主要器物有四系瓶、高足盤、小口罐等。胎質堅硬、較粗,有鐵質斑點並可見氣孔和細小的砂粒,擊之聲音清脆。燒成溫度約在 1200℃。青釉為透明玻璃質,光澤很好,釉層厚薄不勻,釉色也深淺不一,釉色多為青中帶綠或青中帶黃,一般在器物外壁施半釉。釉面常有小開片,也有些器物在積釉處產生翠綠色的窯變釉。可見在胎質較粗、施玻璃質釉、釉色不勻和施半釉等方面都與北方青瓷相似。舊有的瓷業中心地區可以江西豐城羅湖窯為代表，1992年—1994年北京大學考古系發掘了豐城窯址，其中第三期的時代是隋代，這時期器物造型簡潔，注重實用。胎色有淺灰和深灰色兩種，但胎質較粗，較多的器物在施釉前先施一層淺灰色的化妝土，釉色不及南朝時瑩潤，呈青、青泛灰白或青泛黃色彩。裝飾技法有刻畫、模印、貼塑等，花紋內容主要有蓮瓣紋、朵花紋和各種植物枝葉等。

青釉盤口四系壺（隋）

從總體情況看，在器形方面，南方青瓷在隋代與南朝時大體相同，但造型複雜的器物少見，而以簡潔實用的器物為主，大部分器物在胎釉質量方面較之前有所下降，裝飾也趨於簡單，以劃花和連續戳印小朵花紋帶的裝飾為主。安徽省合肥市白水壩出土一件青釉盤口四系壺，高40釐米，盤口較深，長頸，腹外鼓，頸部急收，底外撇，略呈喇叭形，肩部置四系。胎體厚重，施化妝土，施釉至下腹，釉色青中泛白，頸部釉厚處有藍灰色窯變釉。從頸到下腹分五層飾戳印花紋，第一、二層是朵花與草葉紋相間，第三、五層是變形蓮瓣紋，第四層為朵花與忍冬紋相間。此器是隋代南方青瓷的精品。

隋代北方青瓷在北齊的基礎上繼續快速發展，生產瓷器的窯場增多。從考古資料可以確知，河南安陽相州窯、河北磁縣賈壁窯在隋代已生產青瓷；河南鞏縣窯、河北曲陽窯都從隋代開始創燒；河北內丘窯是目前知道的唯一青瓷、白瓷兼燒的窯址。這些窯場構成了隋代北方地區的中心區域，產品的品質也最高。山東地區的淄博寨裡窯，棗莊中陳郝窯也達到了燒製的盛期，構成了隋代北方燒瓷的又一個區域。從墓葬出土的情況看，關中的陝西地區也應有青瓷燒造，但目前尚無可靠的窯址發掘資料證實。

北方地區隋代的青瓷窯場以河南安陽相州窯規模最大，產品品質最精，是隋代北方青瓷的代表性窯場。這裡的產品種類有碗、高足盤、四系罐、缽、杯、瓶等，還有一些瓷塑明器。器壁一般較厚，胎質細膩，胎色灰白，原料的淘洗、加工較細。釉為青色玻璃質，光澤較強，透明度較好，胎釉間施白色化妝土，使釉色顯得淺淡潔淨。由於施釉不勻，釉色也表現出濃淡之分，常見的有青綠、青黃以及青灰、青褐等色。器物裡外施釉，但外壁往往只施半釉。裝飾方法有刻花、劃花、印花和貼花等。紋飾題材多蓮花花瓣紋，還有忍冬紋、草葉紋、三角紋和水波紋等。瓷塑器的形象非常生動，充分體現了窯工們高超的塑造技巧和傑出的創造力。山東省泰安舊縣村 1983 年出土的一件隋代青釉龍柄蹲猴壺，可以作為隋代北方青瓷的代表器物，器高 24 釐米，較深的盤

青釉龍柄蹲猴壺（隋）

口，長頸，豐肩，鼓腹，頸部收細，平底，部有 3 道凸弦紋；一側置龍形柄，龍嘴銜於壺口；另一側塑一小猴，猴撓頭，撫膝，生動有趣；肩上有 2 個三泥條製成的雙耳。施青黃色釉，有細碎開片，釉層較薄，施至下腹，有垂釉現象。

隋代是白瓷從創製走向成熟的一個重要時期。目前報導生產白瓷的窯址只有河北內丘窯，但內丘窯在隋代白瓷生產的具體情況要等到考古發掘的資料公佈後才能確定。目前對白瓷發展的瞭解主要是通過墓葬資料獲得。

1959 年在河南安陽發掘的隋開皇十五年（595 年）的張盛墓中出土了一批白瓷器。這批白瓷器因帶有若干青瓷的特徵，以致發掘者將這些瓷器報告為青瓷。但實際上這批瓷器比北齊武平六年（575 年）範粹墓中出土的白瓷器有了很大進步，胎、釉質量都有提高。出土的白瓷有罐、壺、瓶、壇、爐、燭臺、碗、缽、盆和俑，可見已不是偶然的燒造。特別值得一提的是白瓷俑，俑高 72 釐米，束髮戴冠，身穿圓領廣袖衣，內襯藍衫，外著裲襠，腰束帶，足蹬雲頭翹靴，雙手拱於袖內，按劍直立於圓形蓮座上，通體施灰白色釉，在釉上的部分地方施彩，如冠、劍鞘及身體的有些部分。這是白釉上加彩的最早例子。有學者認為，這是宋元時期磁州窯釉下黑彩的先河。

晚於張盛墓 13 年的西安郊區隋大業四年（608 年）的李靜訓墓，也出土了一些白瓷器，其胎質較白，釉面光潤，胎釉已經完全看不到白中閃黃或白

中泛青的痕跡，可以稱之為白瓷。在西安郭家灘發掘的隋大業六年（610 年）的姬威墓中出土的白瓷蓋罐，更是隋代白瓷的代表作。罐通高 12.5 釐米，有拱形頻寬邊的蓋，似帽狀，整體呈筒形，束腰。通體施乳白色釉，有長條狀大開片，晶瑩光潤。如果從北齊范粹墓起到隋大業四年（608 年）止，這個歷程僅經歷了 33 年，可見燒製白瓷的技術進步是很快的。但是，這時的白瓷仍具有原始性，白瓷的真正成熟要到以邢窯為代表的唐代白瓷的出現為標志。

白瓷束腰蓋罐（隋）

隋代製瓷工藝在北朝的基礎上又有了提高。如原料加工工藝提高，對釉料中鐵元素性能的進一步掌握，使青瓷的部分產品釉色呈雅潔的淡青色，白釉也更白。北方地區製胎原料的品質要遜於南方地區，因此胎體多較粗糙，燒成時釉層吸收釉水，釉層厚薄不匀，呈色也不一致。為了解決這個問題，窯工們採用了兩次或多次施釉的方法，使釉面變得匀淨光潔。

2. 唐代製瓷業的發展

唐代政權統一，經濟發達，社會開放，瓷器製造業也進入了繁榮時期。在三國兩晉南北朝和隋代製瓷的基礎上，唐代製瓷業蓬勃發展起來，生產地域擴大了。根據文獻記載和考古發掘，當時北方河北、河南、陝西、山東、山西等地，南方浙江、江西、安徽、湖南、福建、廣東、四川等地，都燒造瓷器，各地窯場的數目較過去都有所增加。一些舊有的窯場，如早在東漢或魏晉時就已創燒的窯場：浙江的上虞窯、金華窯，江西的豐城窯，湖南的湘陰窯，安徽的淮南窯，河北的內丘窯等，生產規模日益擴大，產品品質日益提高，相繼進入了盛燒時期。

青釉褐彩詩句瓷壺（唐）

在這些窯的基礎上，周邊地區還有數量眾多的窯場湧現。一個地區的窯場由於原料接近，技術交流便捷，因而生產出面貌相似的產品；不同地區的窯場則形成了不同風格的瓷窯體系。從總體上看，南方仍以生產青瓷為主，而北方則以白瓷聞名，在地域上形成了"南青北白"的格局。唐代擁有兩大瓷系的代表——越窯青瓷與邢窯白瓷。其中越青瓷如"千峰翠色"，世界馳名；邢窯瓷"白如雪"，和青瓷一起成為中國瓷器史上兩座光輝奪目的高峰。

越州窯一般被稱為"越窯"。燒瓷的歷史可以上溯到東漢末期。早期的窯址主要集中在上虞縣沿曹娥江兩岸的山坡上，自漢以來，窯火不斷，是當時老牌的製瓷中心，也是現在發現的最早、最發達的青瓷燒製作坊群。

唐代越窯製瓷作坊主要集中在上虞、慈溪、余姚、寧波等地。隨著瓷器品質的提高和需求量的增加，瓷場迅速擴展，在今諸暨、紹興、鎮海、鄞縣、奉化、臨海、黃岩等地相繼建立瓷窯，形成了一個龐大的瓷窯體系。其中以余姚縣上林湖為中心地區，從上虞縣窯寺前、帳子山、淩湖到慈溪縣上林湖、上墺湖和白洋湖一帶最繁榮。這些地方窯場林立，產量巨大，是唐、五代到北宋時越窯大規模生產的基地，製瓷工藝較之前顯著提高，在胎質、釉配方、造型、裝飾、窯具和燒成等方面都有重大的改進和提高。

唐代晚期，推廣和使用了匣缽。坯件裝在匣缽內燒成，不再相互疊壓和受煙火、灰砂的薰染，因而釉面光潔，色澤一致。瓷器胎質細膩，並且把各種生活用瓷做成花、葉、瓜果的形狀，還出現了敞口碗、蓮花碗、海棠式碗、荷葉形碗、盤以及瓜形注子、粉盒、油盒、瓷塑、瓷枕和各式水盂等，器形新穎活潑、輕盈可愛，釉層均勻，色澤淡雅，達到了如冰似玉的效果。紋飾除劃紋、印花外，還在罌、缽、香爐等大件瓷器上，採用釉下彩繪工藝，繪以褐色的雲紋和蓮瓣紋等，使器物更加莊重華麗，同時在一部分宮廷用瓷和貢瓷中鑲嵌金邊、銀邊和銅邊，即"金扣""銀扣"和"金棱"瓷器。

　　由於製瓷工藝技術的進步，上林湖自唐代開始設立"貢窯"，專燒

青瓷葫蘆水盂（唐）

進貢用瓷。1980 年在挖掘上林湖張家埭窯址時，發現一件碗底殘片，其上劃"官樣"二字，當是官窯的產品可作為越窯貢御的有力證據。

　　無論從古代記載還是考古發現看，唐代的白瓷以邢窯最著名。邢窯位於太行山東麓，散佈在內丘縣馮唐村、宋村以北，臨城縣祁村、雙井村以南，內丘縣西丘村以東，隆堯縣雙碑村以西的狹長地帶內，總面積 300 餘平方千米。其中內丘縣城關一帶的唐代白瓷窯最集中，燒製的白瓷也最精緻。因此，這一地區應是當時邢窯瓷器的燒製中心，它四周的窯址應是由此而發展起來的。唐代瓷窯多以所在之州命名，內丘在唐武德五年（622 年）改隸邢州，故名邢窯。

　　長期以來，人們一直認為邢窯瓷器的主要特徵是"白如雪"。但從出土的瓷片看，釉色有白、青、黑和褐黃等多種。白釉又有粗細之分，以粗者居多，細者佔少數。邢窯的精細白瓷，選用優質瓷土燒成，胎質堅實細膩，胎色潔白如雪，釉質瑩潤。有的還薄如蛋殼，透明性極強，當是還原焰燒成。一般器物純白光亮，有些則白中微微泛青。器形有盤、碗、杯、托盞、瓶、壺、罐和注壺等。碗有多種形式，最多的為淺腹敞口碗，碗身呈 45°角斜出，口

緣外部凸起一周，底坦平，底中心凹入，施釉，形如玉璧。內丘城關地區白瓷窯燒製的玉璧形底碗與臨城祁村窯同類的精緻白瓷製品相同，在碗底中心往往刻畫有一個"盈"字。此外，還有敞口碗、八出口碗、托子、注壺、罐等。臨城祁村窯還出土了一件皮囊壺，殘高約16釐米，上部扁形，中間有提梁，流口殘失，壺下部飽滿，平底，左右兩側有線紋凸起，形如皮囊縫合痕，壺前後兩面有劃花三角形紋飾。從上述這些精細白瓷來看，形容它的釉色"白如雪"並不過譽。

邢窯白瓷（唐）

邢窯瓷器素以白色見稱，歷來不見邢窯瓷器有附加裝飾的記述。在邢窯遺址範圍內卻發現了一些有模印、刻花和點彩等多種裝飾技法的白瓷標本，這些無疑增進了人們對邢窯白瓷的進一步瞭解。

當時，邢窯白瓷遠銷海外，在伊拉克、埃及、伊朗、巴基斯坦和日本等國家的古代遺址中均有發現。

三、百花爭春的宋代瓷器

960 年建立的宋王朝,是中國封建社會繼漢唐之後的第三個繁榮時期。由於混戰結束,國家又一次走向統一。經過一個階段的休整,宋朝經濟恢復和發展得很快,科技、文學、藝術和手工業得到相應的進步。尤其是製瓷業,因為它與人類生活關系密切。因此,輕巧美觀的瓷器越來越為人們所賞識和重視。唐代形成的"南青北白"兩大主流,到這時更蓬勃地鋪展開來,中國瓷器發展史上"百花齊放"的"黃金時代"很快地來到了。趙宋王朝的三百年間,向人們展示出了中國瓷器極其燦爛輝煌的篇章。

1. 宋代製瓷業蓬勃發展的原因

中國在東漢晚期出現成熟的瓷器,經過幾百年的發展,製瓷技術已在南北方同時成熟。南方出現了如冰似玉的越窯青瓷,北方則製出了類銀類雪的邢窯白瓷。這些傑出的成就從工藝技術上為瓷器生產的繁榮做好了準備。

從唐代後期開始,瓷器已由宮廷和達官貴人使用的高檔消費品,變為一般平民皆可使用的普通用品。在晚唐時期的

汝窯天青釉三足樽承盤(宋)

墓葬中，許多小型墓普遍以瓷器作為隨葬品就可以證明這一觀點。如在今西安市南郊唐代都城長安城的外廓城的啟夏門外，發現了一批中小型的土洞墓，從發現的位置和墓葬的形製看，應是唐長安城內的平民和下層官吏的墓葬。這些墓中，大多隨葬瓷器，每墓少則三四件，多則八九件。另外，在山西長治市宋家莊磚場也發現了一批唐代的中小型墓，這些墓位於唐上黨郡治所潞州城的郊外，是城中官吏和平民的墓葬群，多數墓中也有瓷器隨葬。

　　從唐代後期開始，飲茶之風在各地普及盛行。中國是茶的故鄉，從文獻資料看，飲茶的歷史可以上溯至商周時期。南北朝以來，佛教逐漸盛行。佛教倡行坐禪，用茶破睡，一時群起效仿，引之為貴。到唐代，飲茶已普及到平民百姓，並成為人們開門七件事——"柴米油鹽醬醋茶"之一。以致宋朝王安石說："茶之為用，等於米鹽，不可一日無。"飲茶需要有茶具，瓷器是最經濟實用的茶具。當時的上層流行在飲茶時互相比試茶的品質好壞，稱為"鬥茶"，即使在上流的士大夫當中，"鬥茶"時也以瓷器作為鬥茶用具，而並不以金銀器皿來鬥茶。

　　晚唐以來，商品經濟不斷發展，在商品流通和交換中，對貨幣的需求量增加。由於銅不夠用，為了鑄錢，統治階層採取嚴厲的禁銅政策，禁止民間製作銅器皿，甚至不惜銷毀民間的銅器來鑄錢。這種政策一直延續到北宋建國之初。因此，許多之前的銅製器皿，當時都用瓷器來代替了。

　　以上幾種情況都說明，自晚唐以來，瓷器的使用面擴大，需求量大增。這從客觀上刺激了製瓷業的急速發展，也是宋代製瓷業蓬勃發展的重要原因。

　　宋代製瓷業的繁榮和快速發展還得益於眾多的工藝技術的革新和發明。諸如窯爐的不斷完善，裝飾技術的極大豐富都對製瓷業的繁榮產生了重要影響。其中，有三項重大革新在宋代製瓷業的繁榮發展中功不可沒，並對中國的瓷器發展史產生了重大的影響。

　　第一，北宋中後期在北方的廣大地區和南方的部分地區，開始採用煤作為燒瓷的燃料。這項技術十分重要，因為在宋代，由於長期的過量採伐，林木已十分稀少，用於人們日常生活的木柴供應都已十分困難，更不用說供應燒瓷，這嚴重地制約了一些人口密集、木柴缺乏地區的製瓷業發展。然而，北方地區的煤炭儲量豐富，而且北方古代瓷窯大多坐落在煤田邊緣地帶煤層自然裸露的地區（這是因為北方的瓷土都是與煤共生的，易於開採瓷土的地

鈞窯玫瑰紫釉葵花式花盆（宋）

方，也是煤層裸露的地方）。在早期選擇窯場地點時，並未考慮到是否便於開採煤炭。但當用煤燒瓷技術成熟，煤礦近、易開採就成了製瓷業發展的一個便利條件。

另外，用煤作燃料，提高了窯爐的溫度，可以延長保溫時間。這使得窯爐的體積變大，不僅提高了產量，也提高了燒成品質。通過考古調查和發掘，迄今已在河北曲陽定窯址、磁縣觀台磁州窯址，河南鶴壁集窯址、新安雲夢山窯址、禹縣鈞台窯址，陝西銅川耀州窯址、旬邑安仁窯址，山東淄博磁村窯址，北京龍泉務窯址，遼寧撫順大官屯窯址、四川彭縣磁峰窯址、巴縣雞窩窯址、廣元瓷鋪窯址和安徽蕭縣白土窯址等地發現了用煤燒瓷的遺跡，說明這時期用煤燒瓷已相當普遍。

第二，裝燒技術的改進，開始使用支圈覆燒法燒瓷。這種方法被認為首先在河北定窯採用，然後迅速擴展到全國各地，從中原到南方製瓷中心的江西景德鎮，一直到嶺南的沿海地區都迅速而廣泛地接受了這一方法。覆燒技術的採用是與用煤燒瓷的技術密切相關的。這一技術的推廣，大大提高了瓷器的產量，滿足了人們對瓷器迅速增長的需求量。

第三，在鈞窯首創了以銅為呈色劑的高溫彩釉，開啟了後來廣泛燒造高溫顏色釉之先河，為我國瓷器美學開創了一個嶄新的領域。

2. 宋代製瓷業蓬勃發展的表現

宋代是中國歷史上大發展的時期，手工業生產欣欣向榮，瓷器生產也達到了空前的繁榮，表現在以下幾個方面：

第一，以商品生產為目的的民間窯場普遍增加，燒瓷的地域大大擴大，原來沒有燒瓷歷史的東北、西北和西南地區相繼設窯燒造瓷器。一些老牌的瓷器生產地區，窯場的數目急劇增加，過去製瓷業比較薄弱的北方廣大地區和南方沿海地區窯場數量激增，大有超過老製瓷中心的趨勢。目前發現的宋代燒瓷的窯場，遍布 20 多個省、市、自治區的近 150 個縣。每縣的窯場少則幾處，多則幾百處，如浙江龍泉是宋代名窯龍泉窯的中心窯場，這裡的窯址達到三百餘處。從總體上看，南北方製瓷業繁榮的同時又各擅其長，逐漸形成了不同於隋唐五代時期的新的瓷器生產格局。

景德鎮窯青白釉刻花梅瓶（宋）

　　第二，為了競爭，各地紛紛發明和採用新的工藝技術，形成了各處獨有的特點。同時，各地的窯場又互相學習，工藝技術互相滲透，表現出新技術、新工藝傳播推廣速度極快的特點。在相近的地區或原料條件相似的一定區域內，眾多的窯場都以生產面貌相同的瓷器為主，從而形成了許多生產不同特點瓷器的瓷窯體系。古瓷研究者們將宋代各地的窯場分為六個大的窯系：北方的有定窯系、耀州窯系、磁州窯系、鈞窯系，南方的有龍泉青瓷窯系、以江西景德鎮為中心的影青瓷窯系等。實際上，還有一些產品特點鮮明的窯群也可稱為"窯系"，如南方的建窯系和北方的臨汝窯系等。從總體上看，宋代製瓷業表現出一種色彩紛呈的繁榮景象，這在宋以前的朝代是沒有的。

　　第三，宋代商品生產的發展促進了瓷器外銷。瓷器的大規模外銷始於晚唐，南宋和元代則達到了高峰，外銷的情況也有了變化，即從晚唐五代時的各地產品均用於出口，變為以景德鎮和龍泉兩地的產品為主，其他地區的產品少見或沒有。另外，在沿海地區，尤其是福建省，出現大量專門為外銷而生產的外銷瓷場。福建成為宋代全國窯場最密集的地區之一。外銷的大量增加一方面增加了瓷器的需求量，刺激製瓷業的發展；另一方面國外的需求和文化影響也給中國的製瓷業帶來了一些新的文化因素和創作動力。

　　宋代的製瓷業採用了官民並舉的方式，先後形成了燒製貢御瓷器的五大

名窰：汝窰、官窰、哥窰、鈞窰、定窰。這些名窰都有一些非常精美的產品，由於製作精良，工藝先進，裝飾秀美，成為製瓷業發展的龍頭產品和推動力量。宋代的五大名窰因後世宮廷的收藏、喜愛而聞名。其中，官窰是宮廷自設的瓷窰，而定窰、汝窰都有明確的記載是貢御的，並有官府設置監管機構進行管理。這五大名窰代表了當時瓷器生產的最高水平，具有官營手工業的性質。

汝窰天青釉弦紋樽（宋）

然而，高水準的瓷器生產需要有雄厚的基礎。全國各地成千上萬的大小窰場，都是民間自營，以商品生產為目的。他們生產大量民間的日用器具，胎質較粗，但是也不乏精美的作品。這些民間窰場代表了不同於士大夫階層的庶民文化，所生產的瓷器也是宋代工藝美術寶庫中的珍品。從各地、各窰場生產的主流瓷器來分類，古瓷研究者將宋代的瓷器分為六個大的體系。而事實上，這六大瓷系都源於宋初或宋以前，並延燒至元代或更晚時期。從各個不同窰址來看，風格都曾有或多或少的變化，不同窰系之間互相影響，任何一個窰場的生產面貌都不是單一的。這正是由於宋代商品經濟的發展，瓷器生產開始以實用和市場需求為導向。宋代的六大瓷系，除了已列入五大名窰的定窰系、鈞窰系以外，還有北方的耀州窰系、磁州窰系，南方的龍泉窰系和以景德鎮為代表的青白瓷系。

四、風格獨特的遼、金、西夏瓷器

我國是一個統一的多民族國家，自古以來，各族人民就在這片大地上繁衍生息，並且創造了璀璨的中國古代文明。悠悠幾千年，許多少數民族，雖然受到中原文化的影響，但其文明發展的主流始終保持著本民族的傳統風格。這一點在少數民族的瓷器製作上表現得非常突出，無論在造型，還是在裝飾上，它們都具有鮮明的民族風格和地域特徵，但又與中原器皿存在著不可分割的繼承關係，在中國瓷器發展史上書寫下重要的一章。

1. 遼代瓷器的發展變化

遼代的瓷器從發展變化看，可以分為三個階段。

遼代早期，約從太宗到穆宗時期（938年—969年）。這一時期遼瓷的器類主要有雞冠壺、長頸壺、盤口壺、鼻耳壺、盤口瓶、盤口穿帶瓶，以及碗、盤、盞托、盒、罐、執壺等。其中雞冠壺包括單孔雞冠耳式和提梁式兩種。這些器物造型端莊飽滿，與唐、五代時期的風格極為接近。碗、盤類器的器腹較淺，圈足徑較大，多製成五花式口沿。更為明顯的是這一時期的瓶一般做成高領、長頸、盤口，有些還附有穿鼻，以便於遷徙中使用。

這一時期瓷器風格崇尚素樸，裝飾極為簡單，主要有凹凸弦紋、凸棱線，壓印的圓圈紋以及彩釉、劃花等。其中，凹凸弦紋最為常見，大多數器物上都有此類裝飾。凸棱線則多見於雞冠壺的腹部，當是代表聯結皮革的接縫。此時的雞冠壺上均用此種裝飾。

釉色以白釉為主，另有綠釉、褐釉、赭釉。瓷胎有粗有細，呈乳白、灰白等色。有些器物胎質潔白，釉色光潤，品質很高，僅稍遜於定窯的上品一等器物。

在內蒙古赤峰遼耶律羽之墓中出土的一件白釉穿帶瓶，高 36 釐米，淺盤口、喇叭形長頸、圓肩、長腹、較寬扁的圈足，兩側附上下相對的橫條形系，上下系之間有兩道凸棱，可供固定穿帶之用。胎體厚重，胎質細密堅致，釉色白中稍泛灰，晶瑩光亮，僅肩部飾三道弦紋。此瓶出土於會同五年(942 年)，是遼代最早的作品之一。器物的造型是中原的器形，但又考慮到遊牧民族的特點，加了穿帶，可以背挎，因而便於攜帶。此壺的胎質、釉色都與早期定窯中的精品相同，充分體現了遼瓷的淵源和特點。

遼代中期，景宗到興宗時期(970 年—1054 年)，正是遼國力強盛、經濟發展的時期，也是遼代瓷器生產的繁榮時期。器形豐富多彩是這一時期的明顯特徵。一方面，早期流行的器類，除盤口穿帶瓶以外，均繼續流行，而且還出現了雞腿瓶、鳳首瓶、長頸瓶、盤口注壺等幾種新器類；另一方面，在這段時間裡，許多種器物都發展變化出多種形式。此時器物比較瘦長，與前期飽滿的風格明顯不同，已從受唐、五代影響轉到和北宋風格趨於一致了。雞冠壺的下腹內收，器腹略扁。碗、盤的底足明顯變小，器腹也同時變深。除五花式口沿繼續使用外，還出現了六花至二十一花式口沿，有的器腹也隨口沿製成花瓣形。

這時的裝飾技法和紋飾內容也較早期明顯增多。除劃花、彩釉、凹弦紋、凸弦紋、凸棱線裝飾繼續使用外，還出現了刻花、剔花、印花、貼塑等幾種裝飾技法。這時的劃花裝飾應用較多，線條明顯比前期粗重，紋飾內容有人物、龍鳳、流雲、火焰、牡丹、卷草、菊花、芍藥、蝴蝶等，其中以牡丹花、卷草紋以及多層蓮瓣紋最為常見。構圖方法有纏枝和折枝。纏枝紋飾往往是由一朵花和一片葉子順次聯結而成。折枝紋飾則是由一枝花卉或卷草而就。花卉一般是花朵居中，兩側

白釉穿帶瓶（遼）

各有一片葉子。這時的紋飾一般不追求形似，但極具意趣，富有兒童畫的稚拙效果。此時釉色仍以白釉為主，同時，除綠釉、醬釉、茶葉末釉以外，還出現了黃釉。胎質以米黃、淡紅、灰白為主。與早期一樣，白瓷類器物不乏胎釉細白的精品，白瓷方碟和白瓷雕蓮瓣紋罐，即屬此類。

遼代晚期，即遼道宗到遼亡時期（1055年—1125年）。這一時期的瓷器有兩個明顯的特徵，即契丹民族形式系列的器物急劇減少，而且造型、裝飾極為簡化。同時，三彩器大量出現。這一時期的器形主要有雞冠壺、鳳首瓶、雞腿瓶、執壺、罐、碗、盤、盞托、

赤峰窯綠釉牡丹紋雞冠壺（遼）

海棠花式長盤、暖盤、方盤、花式碟等。以前盛行的盤口瓶和長頸瓶已不再使用。雞冠壺僅有圓身提梁式一種，而且已很難見到仿皮囊的痕跡。鳳首瓶也已經簡化，鳳首只是用一些泥條、泥餅粘貼在一起來代表一種象徵意義。相反，三彩類的海棠花式長盤、暖盤、方碟、花式圓碟等大量出現，而且造型規整，紋飾繁縟，製作極為講究。

這一時期的裝飾技法除早、中期流行的以外，還盛行彩繪、填彩以及三彩釉。其中尤以印花三彩最為盛行。彩繪是指用鐵料在器物上繪畫紋飾，呈現圖案比較簡單，多以分隔號和圓點組成，也有卷草和花草，但用筆拘謹，不如磁州窯瀟灑自然。填彩是指先在器物上刻畫出紋飾，然後在底子上塗抹鐵料。三彩釉裝飾是用黃、綠、白三種遼代常用的色釉分別施於器物及印花圖案的不同部位。以三彩釉為裝飾始於唐代，然而在遼代，由早、中期的兩種色釉到晚期的三種色釉，似乎其本身具有獨自的發展過程。

紋飾內容與構圖方法皆與中期相同，但紋飾技法嫻熟，不同於中期的工整中略帶拘謹。

從窯址調查材料來看，此時釉色仍以白釉為主，但墓葬中所出土的則以黃、綠、茶葉末釉為多。胎質以米黃、淡紅最為常見。這時期精細白瓷已極為少見。

2. 金代瓷業的特點

金文化在很大程度上沿襲了宋、遼文化，這種情況也反映在製瓷業中。女真族在建國以後，北宋北部和遼代燒造瓷器的窯場，基本上為金所繼承。經過金代的努力經營，窯場數量增多，規模擴大，黑龍江、吉林、遼寧、河北、河南、山東、山西、陝西及徐淮等地都有金代的瓷業中心，河北、河南、山西可以說是窯場遍佈。金代各窯普遍以煤作燃料，凡是煤系露頭，又毗鄰河流的地方，幾乎都建有燒造瓷器的窯場。各地窯場互相交流、影響，形成了"百花齊放"的瓷業格局。各地由於原料、工藝傳統的不同，地域性差別，大致可以分為三個區域：第一區為東北和華北北部地方；第二區為河北中部和南部、山西中部和南部、河南山東和徐淮地區；第三區為陝西地區。

其中，第二區是北宋時北方地區製瓷業的中心地區，也是金代的經濟、文化中心，同樣，也成為金代的瓷業中心。這個地區的製瓷業主要有四種風格的瓷器：第一種，以河北曲陽定窯為中心的定窯風格的瓷器；第二種，以河北磁縣觀台窯為代表的磁州窯風格的瓷器；第三種，以河南禹縣為中心的鈞窯風格的瓷器；第四種，在河南、山東眾多窯場燒製的，以印花青瓷為代表的耀州窯或稱臨汝窯風格的瓷器。這四種風格的瓷器在金代都有一個共同的特點，即中心窯場的風格完全成熟，周邊地區生產相似風格產品的窯場大量出現，窯系的範圍擴大。同時，交叉生產的現象十分突出，如定窯也生產磁州窯風格的器物，而磁州窯也大量生產仿定器。

從這一區域所開展的瓷器考古工作來看，整個金代的瓷器生產大體可以分為三個階段。第一階段，是金代前期，約從金佔據中原到海陵王正隆末年（1127年—1160年）。這個時期在這一地區有兩種情況，一種是由於宋金戰爭的影響，大量窯工南逃，窯業受到沉重打擊，如定窯，這一階段生產停滯，品質不及北宋末期；另一種是沒有受到戰爭太大的影響，但由於社會經濟的總體蕭條，生產在北宋末的基礎上緩慢發展，如磁州窯。

第二階段，是從世宗大定初年到宣宗貞祐二年（1161年—1214年）在蒙古軍隊的攻擊下將都城從中都（今北京）遷往南京（今開封）。這個時期由於社會經濟的繁榮發展，製瓷業在北宋末的基礎上進入了另一個發展高峰。中心窯場有了新的發展，窯址數量進一步增加，工藝技術不斷創新。北方地區的製瓷業在繁榮程度和發展速度上都超過了北宋時期。許多窯場達到了鼎盛時期。這個時期中原地區製瓷業的繁榮發展，可以河北磁縣觀台窯的情況作為代表。1987年，考古人員在發掘觀台窯址時，從金代中後期的地層中，挖掘出土了一件白底黑花長頸瓶，高49.6釐米，花口、長頸、鼓腹、喇叭形足；黃灰胎，稍粗；釉色粉白，有細碎開片，光潤；黑彩因過燒呈焦褐色；飾小碎葉的纏枝芍藥紋。這只瓶器形優美，裝飾複雜，畫風流暢，是磁州窯盛期的代表作。臺灣鴻禧美術館收藏了一件紅綠彩文官坐像，高32釐米，是一件頭戴進賢冠，身著公服，手執笏的文官坐像。器身在白色底釉上施紅、綠、黃、黑色彩，搭配有致，十分華美。這是現存磁州窯紅綠彩瓷中最精美的作品之一。

磁州窯白底黑花花口長頸瓶（金）

　　第三階段，從金宣宗初年到金亡（1213年—1234年），這時期瓷業的狀況可以一直延續到元代前期。這時期北方地區的製瓷業急劇衰落，跌至低谷，之後再也沒能恢復到宋金時期的水準。具體表現為器類單調，器形減少，裝飾簡單草率，器物變得粗厚笨重，胎質釉色均不及金中期，尤其是定窯、臨汝窯風格的瓷器已走向了消亡，磁州窯風格的瓷器在總體特徵上發生了一次重大的變化，而鈞窯類的器物卻在這一時期迅速崛起。原因是鈞窯器以釉色取勝，對瓷土要求不高，也不需著力裝飾；鈞釉的配製，一經創製，迅速傳播，技術上已不是難事；而且燒製鈞瓷十分適於這個以煤為燃料並擴大了窯爐規模的時期，這些都促進了鈞窯的發展。

3. 西夏瓷器的特點

　　20世紀70年代末期以後，在考古工作中零星發現了一些西夏瓷器，一些學者開始提出"西夏瓷"這一概念。1983年，中國社會科學院考古研究所的工作人員在內蒙古額濟納旗居延海地區進行漢代遺跡的考古調查時，根據附近發現的西夏瓷的情況，斷定附近應有瓷窯。不久，在寧夏靈武縣的磁窯堡鎮發現了古代窯址。1984 年—1986 年，考古人員對這裡進行了正式發掘，揭開了西夏窯址的特點以及西夏瓷器的工藝水準的神秘面紗。

西夏時期靈武窯的產品種類繁多，以用途分類有生活器皿、文房器具、娛樂用品、雕塑藝術品、建築材料、兵器等；以釉色分則有白釉、青釉、黑釉、褐釉、茶葉末釉和數量較少的紫釉，還有的一器施兩種色釉，如外施黑釉、內施青釉的碗等；以裝飾技法分有素面、刻釉、剔刻釉、刻化妝土、印花、點彩和雕塑等。

生活器皿有碗、盤、盆、缽、釜、杯、高足杯、盒、壺、扁壺、瓶、罐、缸、甕、燈、鈴、鉤等。文房用具有硯臺和硯滴。雕塑藝術品有人物和動物兩種。還有瓷塤和棋子兩種娛樂用品。每種器物又各施不同的釉色。有些器物大小懸殊，如扁壺高 1.12～35.6 釐米，釜高 2.3～21.8 釐米。產品中有些較為粗糙，而各種釉色的剔、刻花瓷、白釉瓷等則製作規整、精細。

靈武窯瓷的胎質多呈淺黃色，這對燒製白瓷極為不利。因此，靈武窯也使用白色化妝土，這種技法顯然是受到定窯和磁州窯兩窯系的影響。西夏王國崇尚白色，更使靈武窯的白瓷得到了大力的發展。溫潤的釉色，端莊優美的器形體現出了白瓷的藝術魅力，給人以美的享受。有些白釉盆、碗上還加施幾組稀疏的褐色點彩，使器物更具備了恬靜的風格，給人以深刻的印象。

靈武窯生產的瓷器品種繁多，器形多樣，這一特點與北方很多窯址相同，但靈武窯更為顯著。日常生活用具中，凡是能用瓷生產的均有其產品。其原因可能與西夏境內缺乏金屬礦藏有關。這一地區僅有少量的鐵礦，銅、錫礦藏極少，因此西夏王國不得不經常向宋、遼、金換取，而宋、遼、金又常以此對其進行封鎖，因而西夏本土所產及通過各種管道獲得的少量金屬，只能提供給皇室及官府製作所必需的金屬製品，如戰爭所需兵器和日常生活所用錢幣。所以儘管西夏王國有著高度發達的冶金製

黑釉刻花斂口瓷缽（西夏）

造業，日常民用所需的一些金屬製品也不得不用瓷器來替代。

靈武窯生產的瓷器部分地反映了西夏王國居民的生活與習俗。黨項族的經濟生活歷來以畜牧業為主，這在他們生產的瓷器中得到了充分的體現。以瓷扁壺為例，大扁壺正反兩面中間均有一圈足，反面圈足起放置平穩的作用，正面的圈足則起對稱和加固胎體的作用。壺的兩側有兩耳或四系，便於穿繩攜帶。小扁壺則胎體較輕，僅背面有一凹足，兩側只有雙耳。這類大小扁壺在靈武窯中生產數量很大，在西夏以外的其他窯址所不為見。這是因為這種器形符合遊牧民族的使用。如牛頭瓷塤是遊牧民族喜愛的樂器；瓷鈴、瓷鉤是遊牧民族常用的用具；瓷駱駝、瓷馬、瓷羊等雕塑品則反映了這些動物與遊牧民族的生活息息相關。有些男性供養人塑像的髮式作禿髮式，證實了西夏第一代皇帝李元昊為推行黨項族傳統髮式而下"禿髮令"，在西夏王國各代都有嚴格執行。

西夏王國的統治者和居民崇尚佛教，這在瓷器中也有反映。眾多的瓷塑供養人形象地刻畫了佛教徒的虔誠神態。此外，瓷透雕寶杵、法輪、佛花等也說明了佛教密宗在西夏王國廣為傳播。

靈武窯所產的白瓷數量很多，品質較高，加之西夏陵區曾出土的一批瓷器中，白瓷佔有很大比例，並且出有白瓷瓦等，這些情況都可能與西夏王國崇尚白色有關。

靈武窯在西夏時期生產規模龐大，產品有粗細之別。其中有些精品，如高品質的白瓷、剔刻花瓷、建築材料等顯然是為官府生產的。在內蒙古鄂爾多斯市發現一處西夏窯場，其中出土一件西夏褐釉剔花梅瓶，高 39.5 釐米。矮梯形口、束頸、折肩、瘦長腹，底部挖淺足，淺棕黃色胎、較粗，施褐色釉，光潔、飾剔花，即把劃畫的花紋以外部分的釉剔出，露出胎體，腹部是對稱的花瓣形，內為折枝花卉紋，頸部劃一鹿紋。這種黑釉剔花裝飾最早出現於晉南地區的窯場，但靈武窯將其進一步發展。這種大面積的剔刻，成為靈武窯的特色。

褐釉剔花梅瓶（西夏）

五、獨領風騷的元代瓷器

1279 年，元朝滅了南宋，建立起一個大一統的封建王朝。元代在政治、經濟和交通等方面，對製瓷業產生了深刻的影響。總體上表現為，北方地區的製瓷業全面衰落，產品轉型，向粗大笨重和不精美的民間用瓷方向發展；南方地區的各主要窯場都在南宋的基礎上繼續發展，但由於原料和市場選擇的結果，影青瓷和龍泉青瓷逐漸衰落。

1. 北方製瓷業的轉變

北方地區在元代時，社會經濟遭到較沉重的打擊，因此製瓷業也同其他行業一樣，生產受到一定程度的破壞。但是，宋金時期形成的數量眾多的窯場，大部分都有數百年的燒造歷史，生產經驗豐富，技術力量雄厚。因此，許多重要的窯場仍在生產。北方地區在宋代形成的 4 個主要的大窯系：定窯、鈞窯、磁州窯、耀州窯。這些主要窯場，雖仍繼續生產傳統產品，但這時北方地區的製瓷業發生了轉變。從整體上看，器物的胎體變得粗大笨重，釉色比各窯盛期時顯得晦暗，缺乏美感，裝飾變得單調，花紋草率，大部分產品變簡單，花紋精美的只佔少數。從 4 個窯系看，原屬比較精細的傳統窯系，如定窯、耀州窯都急劇衰落。這些傳統窯系大量燒製磁州窯風格的產品，雖仍燒造少量自身的傳統產品，卻再無精品。本來屬民窯的磁州窯和工藝不太講究的鈞窯得到了發展，表現為品質下降，產量大增，生產的地域擴大。

元代整個北方地區製瓷業的衰落，原因是多方面的。一方面，蒙古族佔領中原時，曾進行過殘酷的戰爭，尤其是在河北、山西一帶，曾經歷反復拉鋸戰，破壞慘重。佔領中原後，蒙古族仍保持了某些原來風俗習慣，對農業生產有很大破壞。後來情況有所改善，但蒙古族所採用的剝削方式仍異常殘酷，這些都致使北方地區人口流失，土地荒蕪，社會生產力下降，生產關係倒退。這種情況無疑也給製瓷業以重大的打擊。

另一方面，元統一中國，結束了南北對峙的局面，卻導致金代北方地區製瓷業發展繁榮的一些因素消解。首先，缺銅的問題得到了緩解，不再需要以瓷代銅。加之經過南宋、金的發展，到了元代，紙鈔的使用已相當普遍，銅鑄錢幣與銅手工業的矛盾已不那麼尖銳，因此對瓷器的需要量相對減少。其次，南方質優價廉的瓷器大批行銷北方，對北方的製瓷業衝擊很大。南方的景德、龍泉等窯場擁有品質優於北方的各種原料，製瓷技術精良。元代以後，景德鎮瓷業的新工藝、新技術都領先於其他各窯。這時期迅速發展起來的青花瓷器和"樞府釉"瓷器由於色調典雅、明快而備受人們的青睞。更重要的是，南方瓷器並不因路途遙遠而在價格上高於北方瓷器。這一方面是由於南方在原料、燃料和技術等方面的優勢，生產瓷器的成本低於北方；另一方面，經過南宋的發展，到了元代，漕運和海運都十分發達，運送成批的瓷器到北方沒有什麼問題，元代修浚通惠河後，南方的糧船可以直達元大都中部的海子，所以運送瓷器到元大都也是十分便捷的。

目前尚無直接證據證明南方瓷器的價格低於北方的瓷器，但許多考古材料能夠說明一些問題。如在北方發現的許多小型元墓中，都出土過南方瓷器，甚至以出土南方瓷器為主。磁縣南開河村一批運送磁州窯瓷器的貨船上，也發現了一些景德鎮和龍泉窯瓷器，而且是品質較差的低檔瓷器。距元大都最近的，以生產細瓷為主的北方名窯——定窯，在元代停燒精瓷。從這些跡象看，南方的瓷器不僅質量好，在價格上也較低廉，具有一定的優勢。

南方瓷器的大量北運，強烈衝擊了北方窯場的精品市場，北方地

景德鎮窯樞府釉印龍紋盤（元）

區的窯場放棄了生產小件的精緻產品，如定窯的細薄白瓷，耀州窯的艾青色刻花瓷以及磁州窯中較精美的帶有黑剔花、模印花裝飾的費工、難做的產品，改成製作供底層人民使用的日常用瓷和不適於遠途運輸，又無特別要求的粗大的瓶、醇、罐、盆等類器物。

2. 南方各窯系的持續發展

在元初和整個元代，南方地區受到的破壞比北方要小得多。元世祖忽必烈，長年打理中原事務，收攏了一些漢人知識份子為他出謀劃策，因此受到了較強的漢化影響，接受了中原先進的管理制度。在他繼承大汗位以後，率先提出"祖述變通"的方針，對舊有的蒙古弊政進行革除和改造。因此，當他攻滅南宋後，對廣大江南地區就以當地原有的制度來管理和統治，使南方地區文化經濟免受了重大破壞。另一方面，大一統的元朝與海外的聯繫密切，大力推動與海外的貿易往來，使中國古代的海上對外貿易達到了高峰。因此，南方地區的製瓷業沒有受到重大打擊，反而在大一統國家的內貿和通過海路的外貿中得到了發展。景德鎮在元代發展最快，逐漸成為全國製瓷業的中心。其他南方的窯系，如龍泉窯也在元代繼續發展，仍處於興盛期，青白瓷系在元代儘管質量下降，但在生產地域廣泛和窯場數量增多等方面超過兩宋。

元代除部分產品繼承了宋代傳統之外，在器形和裝飾上又有了新的創造。

元代由於水陸交通和對外貿易的發展，瓷器大量出口，需求量激增。元人汪大淵在《島夷志略》中多次提到對外國銷售的瓷器，用"處州瓷"，或稱"處瓷"和"青處器"。在韓國新安海底沉船上打撈出 1 萬多件元代瓷器，其中龍泉青瓷就有三千多件。由此可見龍泉瓷器在元代外銷瓷中所佔的地位。

龍泉窯青瓷玉壺春瓶（元）

在這樣的條件下，元代龍泉窯由交通不便的大窯和溪口，迅速地向甌江和松溪兩岸擴展。現在已經發現的元代龍泉窯系統的窯址，總數達到 200 處以上。龍泉窯系擁有如此宏大的規模，是前所未有的，而其中分佈在甌江和松溪兩岸的瓷窯約佔總數的一半。這樣，大批的龍泉窯瓷器順流而下，轉由當時重要的通商口岸——溫州和泉州，運銷國外市場。

　　此外，青白釉瓷器的生產盛於宋，而元繼之。元代南方地區燒製青白釉器的瓷窯有：江西的樂平、景德鎮，福建的政和、閩清、德化、泉州、同安，廣東的惠陽、中山，浙江的江山等，生產的範圍比北宋時期要廣泛得多。其中如福建德化屈斗宮窯址，經過 1976 年的發掘，發現它主要是為瓷器外銷而生產的。德化的青白釉器在東南亞地區的菲律賓、印尼等國家有大量出土，也印證了這一點。

　　元代青白瓷的器形較宋代更加多樣，除常見的碗、盤、瓶、罐、爐、枕外，新添了不少品種，如扁形執壺、葫蘆形執壺、筆山、多穆壺、動物形硯滴等。裝飾方法與同時期的其他窯場一樣，採用印花、刻畫花、貼花、點彩以及串珠紋等。點彩在當時的龍泉窯器物上也常使用，而串珠紋卻是景德鎮元代瓷器的特殊裝飾。1963 年，北京崇文區龍潭湖元墓出土的一件青白釉玉壺春瓶，即是串珠紋裝飾的典型。整個器物主要用小圓珠串聯成紋，頸飾覆鐘紋，腹飾仰垂如意雲頭，在仰垂雲頭中，上、下分別環以"壽比南山"和"福如東海"的吉祥語，腹下貼梅花。元大都（今北京市）出土的青白釉觀音像，是元代瓷造像中罕見的珍品。全身披掛的瓔珞飾物採用串珠組成。串珠紋在同時期的其他產品上也有使用，如河北保定窖藏的一對青花釉裡紅罐，即以串珠開光。

　　元代青白瓷不及宋代青白瓷精美，但也有不少佳器。如元大都出土的青白釉筆山和觀音像，山西大同市

青白釉玉壺春瓶（元）

影青釉廣寒宮瓷枕（元）

博物館收藏的影青釉廣寒宮瓷枕 都是元代青白瓷中的佼佼者。菲律賓、韓國、馬來西亞等國都出土了不少元代景德鎮瓷器。特別是出土物中，由點彩和串珠紋裝飾的青白釉小件方罐、雙系罐和荷葉罐等，在國內的出土物和傳世品中尚不多見。這類品種估計是專為適應外銷而生產的。

六、綺麗多姿的明代瓷器

中國的瓷器在元明以前，往往是名窯輩出，製作都在伯仲之間，而又各具特色。從明代起，景德鎮就成為"天下窯器所聚"，所謂"有明一代，至精至美之瓷，莫不出於景德鎮"。雖然河北彭城（邯鄲）、浙江處州（龍泉）、福建德化、江蘇宜興都各具一格地大量生產瓷器，但總不如景德鎮發展全面。特別是彩瓷、青花瓷及彩釉瓷的燒造成績尤為顯著。

明代的民窯瓷器發展也很快。民間生產瓷器的規模遠遠超過元代。景德鎮民窯的發展速度超過官窯，以致後來出現"官匠因循"，官窯有不如民窯之勢。到明朝末葉，形成官搭民燒的新制度。後來清代就採取這種形式。

1. 青花瓷與釉裡紅瓷器

青花瓷器的青花，由於著色力強，鮮豔穩定，花紋在釉下不脫色，淨雅美觀，所以在元代以後的明清時期仍然受到重視，並有新的發展，成為瓷器生產的主流。

明代洪武時期的青花瓷器的器型較少。因元末戰亂，青料來源受阻，轉而使用國產料，即採用景德鎮附近的土青，因此青料不純而發色不佳，青花色澤偏於暗黑，不是很豔麗。花紋以菊花紋和雲龍紋比較常見。如日本出光美術館收藏的洪武青花水注，高 33 釐米，是洪武青花瓷的代表作。洪武後的永樂、宣德時期，一般用進口料，是明代青花瓷燒製最優秀的時期，也被稱為中國青花瓷器的"黃金時代"。這時的青花瓷器，胎質釉料都很精細，色澤濃豔，蒼翠瑩潤。造型豐富多樣，並趨於清雅、秀麗。花紋裝飾清秀、典雅，內容十分豐富，主要有花卉、龍鳳、波濤紋等。但進口料含鐵料較高，青花上往往出現鐵黑色斑點。到了明代中期的成化年間，青花色調有了新的轉變，以青色淡雅著稱，與永樂、宣德時期的濃豔色調形成了鮮明的對比。這時以進口料和國產料並用，在圖案的裝飾手法上，趨於輕鬆、愉快，以美麗的花卉和生動的人物、動物形象為主。北京市海澱區國家氣象局院內明墓出土一件成化的青花攜琴訪友圖紋大罐，高24.2釐米，是難得的珍品。

到了明代中期後段和晚期的嘉靖、萬曆時期，青花的色調又一次發生了變化，

青花攜琴訪友圖紋大罐（明）

呈現出一種藍中微泛紫的濃重、鮮豔的顏色。據說當時使用了"回青"料著色。"回青"，文獻記載產於中國的雲南和新疆。這時期器型趨於多樣，除了有生活用具、陳設外，還有各種宗教供器。在造型風格上，仿造銅器的風氣較盛。在圖案裝飾方面，除了以前各時期常見的內容外，還較多地出現了具有道教色彩的題材，如雲鶴、八卦等。此外，在有的器物上還出現了"壽""福"字等，都是過去很少有的現象。

另外，釉裡紅瓷器也在明代漸漸成熟和發展。銅紅釉瓷器在明代的重大成就是霽紅的燒製成功。從傳世的文物中，我們可以看到明初永樂時期就有了比鈞窯紅色更進一步的胎和釉十分融合而出現深厚滋潤之感的鮮紅釉色。要燒製這種進步的銅紅釉，不僅要嚴格控制燒成氣氛，而且在銅分的配料上，也一定要掌握更恰當的比例。從化學特性上說，氧化銅在高溫下比較容易揮發，因此在配料時一定要考慮到這個因素，稍稍增加銅的分量，讓它揮發後仍有足夠的發色能力，才能燒成鮮紅的色彩來。明代宣德時期的銅紅釉就是這種鮮紅的代表。此種在歷史上獲得中外陶瓷界一致稱頌的"宣紅"，標誌著銅紅釉燒製的成熟階段的到來。

可惜在明代中期以後，我國銅紅釉曾經一度衰落。嘉靖二十六年（1547年）宮廷要景德鎮燒造大批鮮紅器，但當時已無法燒成，因此就改燒礬紅器。到了隆慶五年（1571年）皇帝又下令要景德鎮燒裡外鮮紅的銅紅釉瓷器，但仍然無法燒好，還是照嘉靖二十六年的辦法，改燒礬紅器。礬紅並不是銅紅釉，而是以氧化鐵作為著色劑，它的製作方法並不如同霽紅那樣高溫一次燒成，而是和一般的釉上彩相同，在已經過高溫燒成的瓷器上，塗以三氧化二鐵為著色劑，再在烘爐中用低溫烘烤而成。銅紅和鐵紅的效果並不一樣，不論從光澤的透亮程度還是滋潤柔和的感覺上，鐵紅都比不上銅紅（而且礬紅又容易剝落），因此礬紅器的價值就沒有銅紅釉那麼高，它唯一可取的是燒成難度遠沒有銅紅那麼高。

宣德礬紅釉僧帽壺（明）

2. 彩瓷與單色瓷器

鬥彩瓷器是釉下青花和釉上彩色相結合的一種彩色瓷器。它的製作方法是，先在瓷器的胎上用青料畫上花紋或只勾畫出花紋的輪廓線，然後施透明釉，入窯以高溫焙燒，在燒成的瓷器上沿青花輪廓線填上各種所需要的彩色，再次入窯以 800℃左右的低溫進行焙燒。燒成之後，釉下青花與釉上各種彩色相互輝映，十分美麗。這就是人們稱之為"鬥彩"的瓷器。

人們過去一直以為鬥彩瓷出現於明成化年間，但近年來對景德鎮珠山御瓷場發掘時，在宣德時期的地層中發現了鬥彩瓷片，這使人們瞭解到，這種瓷器在宣德時期就已創燒，但成熟的鬥彩瓷器還是產生於明代的成化年間。它們的器型主要有罐、碗、杯等，圖案內容有花卉、禽鳥、樹木、人物等，畫面幽雅，製作十分精緻。故宮博物院所藏鬥彩雞缸杯是成化鬥彩的頂尖作品，口徑 8.3 釐米，胎薄體輕，釉色純淨。

嘉靖以後，五彩瓷器開始大量生產，成為中國彩瓷史上又一新階段。五彩是多彩之意，是釉上彩，也有釉下配飾青花。但這裡的青花與鬥彩的青花有所不同，鬥彩青花在鬥彩瓷的圖案中居於主要地位，是構成整個圖案的主體顏色。而這裡的青花雖也在釉下，但只把它作

成化鬥彩雞缸杯（明）

為構成整個圖案中的一種顏色，對整個瓷器的色彩不起決定性的作用。五彩瓷器一般也是二次燒成：先在做好的器物胎體上施釉，有青花者先在胎體上畫好青花再施釉，入窯進行高溫焙燒；燒好後再在其上以五彩畫出各種花紋，再入窯焙燒即可。

據文獻記載，五彩瓷器始創於明永樂或宣德年間。從現有的實物看，明代嘉靖、萬曆時期則進入了成熟階段。這時期主要有瓶、碗、盤、盒等。圖案花紋設計幾乎佈滿全器，題材以禽鳥、龍鳳、人物為主，配以山石、花草，別具一格。色彩濃豔，尤其突出紅色，極為華麗。上海博物館藏萬曆青花五彩蓮龍蓋盒，口徑 21.3 厘米，釉下青花，釉上藍、綠、礬紅結合，並配以鏤孔裝飾。這是五彩瓷高峰時期的傑作。

此外，明代單色釉瓷器的成就也十分突出。明代的甜白瓷創燒於永樂年間。這種瓷器的胎體都很薄，薄到半脫胎或幾乎脫胎的程度，能夠光照見影。器表往往飾有秀美清麗的刻花和印花，在潔白的胎上施以純淨的透明釉，大大增加了這種瓷器的美感，給人一種"甜"的感受，因此稱為"甜白瓷"。這種胎薄釉瑩的甜白瓷的成功燒製，是明代製瓷業的又一大進步，為明代彩器的發展繁榮

永樂甜白釉劃花纏枝蓮紋梅瓶（明）

創造了有利條件。如天津市藝術博物館所藏永樂甜白釉劃花纏枝蓮紋梅瓶，高 34.5 釐米，釉色極為勻淨潤澤，儘管是素面無紋飾，仍使人回味無窮。此外，明代開始生產單色黃釉瓷，以弘治年間水準最高。因其淡黃的色彩，被稱為"嬌黃"（或"澆黃"）。這時期的嬌黃釉色澤滋潤明麗，如初開的葵花，嬌嫩晶瑩。嬌黃釉是在已燒成的白瓷上，二次施釉，在低溫氧化氣氛中燒成。

　　明代製瓷業的發展，不僅創燒出了各種新瓷，同時在造型、紋飾風格方面，也突破了前代的格局。首先是變以往的渾厚凝重為精緻細巧；二是造型及紋飾融入了異國情調；三是色彩由濃豔而漸趨淡雅。這一系列的變化，使中國製瓷業的整體風貌都發生了根本性的變化，為清代製瓷業的風格定下了基調。

七、五彩斑斕的清代瓷器

中國封建社會製瓷手工業，經過二千多年的發展，到清朝，製瓷工藝達到歷史的最高水準。康熙、雍正、乾隆年間是清代製瓷工藝的極盛時期。清代瓷器的特點是胎質堅硬細膩，有絲綢樣的光澤，釉光瑩潤，色彩絢麗，鏤雕精工。瓷器品種較明代更為繁多。裝飾方面，在康熙五彩、青花瓷器上常繪漁樵耕讀圖、耕織圖以及民間故事、小說戲劇、神話傳說等，以山水、花卉等為裝飾題材的瓷器也非常普遍。大幅的山水畫、人物畫、花鳥畫以及題詞等都很考究，藝術效果超過明代。清代製瓷業的成就，集中表現在各種彩繪瓷和彩釉瓷的生產上。

1. 蔚為大觀的清代彩瓷

康熙青花瓷器，用提煉精純的國產鈷料在優質瓷胎上作畫，特點是畫面清晰乾淨，層次清楚；鈷藍呈現的色彩，翠藍光豔，給人以清新明快之感。裝飾題材廣泛，畫面宏大，無論山水、花鳥，還是古典小說的故事場面，每幅構圖都是獨立完整的畫面。雍正、乾隆時期青花層次較少，但色彩豔麗，繪瓷藝術仍然有提高。

康熙時期的五彩瓷器比明代又有很大發展。除用紅、綠、赭、紫等為作畫的主要彩色外，又加入金彩、藍彩（鈷藍）、黑彩。康熙五彩瓷器色調強烈，富麗堂皇，又被稱為"硬彩"。五彩瓷器的品種有罐、瓶、筆筒、盤、碗等。花紋有蕉葉紋、花、鳥、蟲、龜、蝶、人物故事等。其中以人物故事畫藝術價值最高。畫家們克服了在瓷器上作畫的局限，合理佈局，用彩出奇，畫面宏偉。上海博物館藏康熙灑藍釉描金五彩開光花鳥紋瓶，高 46.6 釐米，代表了藍釉和五彩的水準，描金則表現了皇家氣派。

　　康熙時期製瓷業的另一重大貢獻是粉彩的創造。粉彩是用鉛粉摻入繪瓷色料在燒好的瓷器上作畫，顏色鮮明，有陰陽向背、濃淡厚薄之分。畫好以後再入窯烘彩。燒成的粉彩瓷器顏色柔和淡雅，畫面層次分明，富有立體感。內容多為花鳥蟲蝶，形態寫實逼真。粉彩瓷器以雍正時期製作的最為精良，乾隆以後更為流行，裝飾華貴，但不如雍正粉彩高雅。

灑藍釉描金五彩開光花鳥紋瓶（清）

　　琺瑯彩瓷器是康熙時期的新產品，又名"瓷胎畫琺瑯"。這種瓷器接受了歐洲裝飾技術的某些影響。根據清宮檔案記載，先從景德鎮官窯場裡燒製的白瓷中，挑選品質最好的送到皇宮造辦處，由御用畫師，或聘請歐洲畫師，用油畫技法作畫，然後再次入窯焙燒，藝術效果極佳。清代白瓷的高度成就和西洋繪畫藝術的結合，使這種瓷器的製作達到了前所未有的水準。琺瑯彩瓷器裝飾內容有花鳥、人物等中國傳統題材，最常見的花卉有月季、天竹、蠟梅、蘭花等，人物有神童、仙女等，還有西方的天使、美人、嬰兒等。

　　琺瑯彩瓷器精美異常，表現了製瓷工匠高超的藝術技巧，是中國工藝美術史上一朵燦爛的鮮花。琺琅彩瓷器是為滿足宮廷需要而特製的優質瓷，成本高，產量低，從問世之日起就是皇室專用的"內廷秘玩"，未在民間普及，故一件精湛的琺瑯彩瓷器，歷來被視若拱璧。

乾隆御製琺瑯彩杏林春燕圖碗（清）

如臺灣鴻禧美術館收藏的一件雍正琺瑯彩芙蓉蘆雁紋杯，口徑 8.1 釐米，是一件稀有的珍品。現存傳世品都是康熙、雍正、乾隆年間的作品，俗稱"古月軒"瓷器。到乾隆之後，政治日趨腐敗，製瓷工藝凋敝，琺瑯彩瓷器的生產無形中就停頓下來了。

素三彩瓷器是康熙時期宮廷用瓷中的名貴品種，多用作祭器。素三彩不用大紅、大綠等刺目的顏色，而是用老綠、赭紫、淡黃等色作畫，素淡雅潔。康熙以後也有素三彩瓷器，但藝術成就不如康熙時期。

康熙素三彩暗刻雲龍折枝三多紋盤（清）

鬥彩瓷器在明代多施於小型器物，如盞、杯、盤之類。到清代，品種、產量和藝術水準都大大提高了，往往把釉下青花、釉上五彩、粉彩巧妙地結合起來。作畫時採用渲染烘托的技法繪製各種團花、折枝花、卷葉等。花紋佈局嚴謹，講究對稱，富有美感。同時，一般生活用瓷已廣泛使用鬥彩裝飾。

2. 清代顏色釉和像生瓷器

在清代經歷的二百多年的時間裡，顏色釉瓷器有許多新發明和創造。如粉青、天藍、紅釉、窯變、豇豆紅、烏金釉、蟹甲青、鱔魚黃、茶葉末、茄皮紫、松石綠等顏色釉瓷器，五光十色，變化萬千，為瓷器釉色的設計，增添了許多新的品種。

粉青，又稱景德鎮龍泉。龍泉青瓷早在宋元時期就是中國青瓷的代表，明代衰落，清代雍正時期仿製，在潔白的胎體上施華麗的束青釉，雖然不太像龍泉青瓷，但釉層瑩淨淡雅，柔和光潤。人們不以龍泉青釉瓷稱之，而稱之為粉青釉瓷。這種瓷器達到青釉瓷器的最高水準。

雍正、乾隆時期的天藍釉瓷，是在白胎瓷器上施一層淡藍釉，釉層明淨，像蔚藍色的天空，也像藍色的寶石，幽淡雋永，引人入勝。代表作品有天球瓶、貫耳瓶、長頸瓶等。

清代紅釉瓷器很多，最著名的是康熙時期的郎窯紅。這種紅釉瓷以康熙時督窯官、江西巡撫郎廷極的姓氏命名。郎窯紅是在宣德祭紅的基礎上發展起來的。郎窯紅瓷器裡外皆施凝厚滋潤的釉層，釉層開片，玻璃質釉的顏色深紅，如初凝之牛血。除紅釉瓷器外，還有綠釉瓷器，即綠郎窯，釉色很淡，也像寶石一樣光潤。還有淡黃綠色的器物。其共同特點是胎體厚重，釉層凝厚，玻璃光強烈，彩色豔麗。郎窯紅的製作方法是在白胎上施多層紅釉料汁，用還原火焰焙燒，使釉料中的銅分子變成一種膠體粒子而呈現紅色。這種膠體粒子在釉層中對光波進行有選擇地反射而發出亮光，加上釉層厚，玻璃質強，火候準確，使釉色濃豔欲滴，紅如寶石，光可鑒人。

康熙郎窯紅荸薺扁瓶（清）

郎窯紅釉瓷器品種較多，有各種各樣的瓶、罐、碗等。特別是侈口、豐肩、長圓腹的大瓶，胎體比較厚重，氣魄雄偉，器物口沿呈一圈白色或淡青色線，俗稱"燈草邊"。在燒製過程中釉汁向下流動，但不流過底足的邊沿，故稱"郎不流"。器物的底足中心呈米黃色，往往開片，稱為"米湯底"。這些特點都是鑒定康熙郎窯紅瓷的主要依據。

清代銅紅釉的成功之作，不僅有上面敘述的郎窯紅，而且有更引人入勝的"桃花片"。桃花片不同於郎窯的深紅色，而呈現出一種猶如朝露裡的桃花一樣幽雅的淺紅色，它的器身上往往出現由於氧化銅的發色作用而產生的細小深綠色的斑點。通片的桃紅中夾雜著綠色的苔點，這種美麗的色調，給人以深厚的藝術感受。為了要達到這樣的藝術效果，氧化銅在釉中不能只是均勻地分佈著，而要在各層、各部位間或濃或淡地錯綜安排。不僅須掛上幾層不同性質的釉，還要嚴格控製加熱和最後的氧化作用。假使最後的氧化作用掌握不妥當，會形成綠色超過紅色的視覺感受，不過有時這種反常現象產生的效果卻又會受到人們的欣賞，過去所稱的"蘋果綠"，就是這種情況。

　　現在傳世文物中的康熙豇豆紅就屬於桃花片中色調稍帶暗淡的品種，它的價值也是十分高的。這種釉如成熟的紅豇豆顏色，色澤不如郎窯紅華美濃豔，釉光也不很強烈，但在釉層中出現不規則的青綠色暈斑，典雅美觀。豇豆紅燒製比較困難，其方法是先用還原焰燒成紅色釉，再在燒窯的後期放入稀薄的空氣，使釉層表面少數銅的膠體粒子氧化。這些氧化的銅分子呈現綠色，成為紅中泛綠的斑塊。從故宮博物院收藏的豇豆紅瓷器看，完全成功的作品很少，多數由於火焰控製不好而出現敗色。

康熙豇豆紅太白尊（清）

　　窯變釉色是仿宋代鈞釉，但又有所發展，以雍正、乾隆時期製作的最精致。常見的器物有石榴尊、盤口長瓶、弦紋瓶等。色調以紅為主，釉層裡同時出現深淺不同的像乳絮般的藍色線條。這些線條在豔麗的紅釉中向下垂流，與紅釉互相浸潤，協調美麗。還有一種"火焰紅"器物，紅釉層裡出現藍、黃、白各種顏色，很像跳動的火焰。同類釉以青色為主的稱為"火焰青"，都是清代出現的新品種。還有的在紅釉中呈現各種顏色的放射狀波紋。這些都是工匠有意識地在器物釉層裡安排各種呈色劑，使其在高溫熔燒下出現千變萬化的效果，所以稱其為"窯變釉"。

　　清代康熙時期生產一種名為"烏金釉"的黑釉瓷，這種黑釉瓷是歷代黑釉瓷器中水準最高的一種。製作工藝考究，釉面反射像鏡面一樣的亮光，極為富麗華貴。

　　像生瓷，從雍正時開始製作，乾隆時成績卓著。如仿古銅器、漆器、木器、錦函古書籍，形象逼真，質感很強，與原物難以區別；還有瓷製的昆蟲、雞、鴨、鵝、螃蟹、海螺、殘荷、花生、栗子等，製作精巧，栩栩如生。這些都是製瓷工藝高度發展時期的產品。海外收藏的一件雍正官窯粉彩仿木紋盆，口徑 34.7 釐米，其形象達到了以假亂真的程度。

第三編　瓷器的製作和燒製工藝

　　作為製作瓷器的主要原料，黏土的主要成分是矽和鋁的氧化物，此外還有鉀、鈉、鎂、鈣、鐵、鈦等元素的氧化物。黏土在濕潤含水狀態下一般即有可塑性，在高溫焙燒中又有固定成型的燒結性，能夠還原成緻密堅實的"岩石"。其中，鋁、矽的氧化物是瓷器的骨架材料，其他氧化物為易熔和助熔材料。瓷器的製作就是根據所需選擇相應的黏土原料（瓷土），經過成型、上釉，焙燒等工序，最終生成工藝"岩石"——瓷產品。

一、豐富的瓷器原料

瓷器,這個人類的老朋友,幾千年來,子孫繁衍,人丁興旺,已經形成了一個龐大的家族。這個家族的所有成員,儘管面貌不同,品格各異,但都來源於泥土。沒有泥土,就沒有瓷器。但泥土究竟要怎樣才能變成瓷器呢?這裡面,有一個十分複雜的過程。要說清這個問題,就要從一切瓷製品的老母親——泥土說起。

1. 瓷器的主要原料——高嶺土

生產瓷製品所用的泥土,並不是一般的泥土,而是一些純度較高、品質較好的黏土。這些黏土加水後能形成可塑性強的泥團,這種可塑性,是瓷製品能夠成型並做成各種形狀的器皿的保證。因此,人們把這些黏土稱為"可塑性原料"。高嶺土,就是黏土中的一種,它在瓷坯中所佔的分量最大,約為 45%～60%。高嶺土,有時稱為"瓷土",它主要是由一種名叫"高嶺石"的礦物組成的。高嶺土名稱的由來是很有趣的,據說 18 世紀初,法國神父皮雷·得徒萊柯雷在他的《中國瓷器的製造》一書中,錯誤地用景德鎮附近一個名叫"高嶺"的村莊的名稱來稱呼中國製瓷的黏土 後來逐漸被人們引用,傳播開來,就成了一個國際性的名詞。

高嶺土一般呈白色或淡黃色,也有粉紅、紫紅、桃紅、青色、灰色,甚至黑色的。質地愈純,顏色愈白,但質地純的高嶺土可塑性較差,而有機雜質含量較多的深色、黑色的高嶺土可塑性較好。這些高嶺土本身的顏色,對燒成以後的色澤不一定產生不良影響。例如，我國山西大同所產的炭質高嶺土，顏色黝黑，但燒成以後色澤潔白。

另外，要燒白瓷首先要選擇原料，不管胎和釉都必須含鐵量低，如果要大量燒造白瓷，就需要大批含鐵量低的高級瓷土，這在唐代是

高嶺土

很難辦到的，而且生產成本也太高。考慮到價廉物美，唐代以邢窯為代表的製瓷工人就採用化妝土的工藝來製造白瓷。

所謂化妝土，就好比演員演出前在臉上撲粉化妝，在比較粗糙和不太白的瓷坯上，先抹上一層含鐵量低、顆粒很細的高級瓷土，然後再在外面上釉，這樣就能遮蓋含鐵量高的低級胎土反出來的青灰色，同時也可以填嵌粗瓷胎表面的孔隙，從而呈現出很白的感覺。我們知道，白瓷釉一般是透明釉，如果胎是青色或灰色，透過釉看上去就不是白瓷了。另外，在燒成過程中，胎中的氧化鐵要向釉中擴散，使釉著色，因此上一層化妝土這種做法可以用比較低級的瓷土原料代替含鐵量低的高級瓷土，既不影響白瓷的美觀，成本較低，又可以大量生產。這種在坯上敷用化妝土的辦法，最早在漢代的鉛釉陶上已經出現，六朝時期浙江的婺州窯青瓷就曾採用，這種經濟實惠的方法一直到宋代，在我國北方民間窯中還普遍沿用著。

高嶺土的主要礦物組成是高嶺石，它是一種六角形鱗片狀的結晶，也有呈管狀或杆狀結晶的。從理論上分析，高嶺石的化學成分應為：二氧化矽，46.5%；三氧化二鋁，39.5%；水，14%。由實際黏土的化學成分與上述理論形成對比後，可以對這種黏土的一些重要性質做出初步的判斷。例如三氧化二鋁的含量低，而鉀、鈉等鹼金屬的氧化物含量高，就可以判定它的耐火度低，不適於製造耐火製品；如三氧化二鐵及二氧化鈦等著色氧化物含量高，則可以估計燒出的瓷器可能不夠潔白；如碳酸鹽、硫酸鹽或硫化物多，則燒成時很可能產生起泡等缺陷。

我國高嶺土的儲量極大，分佈極廣，品種繁多。其中比較著名的有江西星子高嶺，蘇州高嶺，湖南大排嶺高嶺、雪峰山青介高嶺等。其中特別有趣

的是湖南省黔陽地區出產的雪峰山青介高嶺，外形像一個個白色的大大小小的皮球，它的主要雜質集中在球的核心上，把球打破，除去深色的球核，剩下的就是比較純淨的高嶺了。

2. 足跡遍全球的石英

製造瓷器的原料除黏土外，第二種重要的原料就是石英。石英是什麼東西呢？名字看似很陌生，但大家都見到過它。如果去河邊散步，往往可以見到一些沙灘，這些沙灘上的砂粒，就是一種石英。純淨的砂子呈白色，但它常常被鐵的化合物染成黃色或淡紅色。

砂子，只是石英存在的一種形式，石英存在的形式有很多種。它既能以晶態存在，也能以無定形態（即非晶態）存在。它的化學組成是：矽 46.7%，氧 53.3%。它的分子式為 SiO_2，晶態的石英主要存在於石英礦中。我們通常所看到的石英，是一種堅固的半透明物質，它可以是無色的，也可以是各種顏色的。大家所熟知的水晶就是一種六面角柱形，末端具有六面角錐的無色透明的石英結晶。透明而帶紫色的水晶稱為"紫水晶"，透明而帶淺褐色的稱為"煙水晶"，它們往往被用來製造各種裝飾品。燧石也是石英的一個變種。瑪瑙和碧玉也是石英的極細小結晶的變體。有很多成分複雜的岩石，如花崗岩、片麻岩中也含有石英。

晶態的石英非常硬，不溶於水，高溫熔化時變成無色液體。將這種液體冷卻，就可以得到無定形石英的透明的玻璃狀物質，外表與普通玻璃一樣。

無定形石英在自然界中的分佈比晶態石英少得多。某些低級水草的外殼，是由無定形石英構成的。這些外殼堆積成相當大的礦層，這就是大家知道的矽藻土或滴蟲土，這種土就可以用來製成隔熱性能良好的築爐材料。

石英岩

石英是酸性氧化物，與它相應的酸稱為 "正矽酸"，矽酸的鹽類稱為 "矽酸鹽"。矽酸鹽在自然界中分佈很廣，可以說它的足跡遍全球。地殼就是主要由石英或各種矽酸鹽構成的。長石、雲母、黏土、石棉、滑石等眾多礦物，都屬於天然的矽酸鹽。許多晶瑩剔透、光彩照人的寶石，如綠寶石、黃晶、藍晶等，都是天然矽酸鹽的良好晶體。瓷器工業之所以被劃入矽酸鹽工業的範疇，就是因為它所使用的原料和成品中，大部分都是矽酸鹽。

3. 黏土的母親——長石

瓷製品離不開各種黏土，可以說，黏土是一切瓷製品的母親。但黏土又是從哪兒來的呢？要回答這個問題，我們就要把瓷製品的老祖母——長石，請出來了。科學研究證明：黏土都是由長石產生出來的。而長石本身，也是製造瓷製品的一種重要原料。

長石也是一種矽酸鹽，而且是一種含鋁的矽酸鹽，稱為 "鋁矽酸鹽"。在長石的組成中，除了矽和鋁的氧化物外，還有鉀、鈉和鈣的氧化物。長石最普通的顏色，是白色或紅色，也有白中帶黃，白中帶紅的。它們既可以作為廣大的礦層存在，又可以成為複雜岩石的組成部分。

地球表面上的礦物和岩石，在與大氣接觸時，便受到水和空氣的物理和化學的作用，逐漸發生變化而分解，這種由空氣和水同時起作用而引起分解的現象，稱為 "風化"。長石的風化具有特殊的意義，以鉀長石為例，含有碳酸氣的水使鉀長石中的氧化鉀分離出來，與二氧化碳化合生成碳酸鉀，同時也使一部分二氧化矽分離出來，而剩餘部分則與水化合，生成新的矽酸鹽——高嶺土，這種矽酸鹽是各種黏土的基本組成部分。

長石

雲母也能像長石一樣地分解，但所需時間較長。長石及其他鋁、矽酸鹽轉變為高嶺土的過程，稱為"陶土化過程"。由於長石分佈很廣，所以在自然界中便生成大量的黏土。

4. 三位一體的作用

上述三種原料在瓷器生產中所起的作用各不相同，但它們相輔相成，密切合作，構成瓷製品。

黏土的主要作用在於：黏土的可塑性，保證了瓷製品可以成型。什麼叫作可塑性呢？就是指黏土加入一定量的水膨潤後可捏成泥團，這種泥團在外力作用下可以變形，從而塑造成所需要的形狀，並在外力除去以後仍能保持既得的形狀，這種特性就稱為"可塑性"。黏土是瓷坯組成中三氧化二鋁的主要來源，而三氧化二鋁的存在，使坯體具有一定的耐火性能，可以在高溫下燒成。黏土礦物——高嶺石在加熱到1000℃以上時，有莫來石結晶生成，從而賦予坯體一定的強度。莫來石又稱富鋁紅柱石，無色，晶體呈柱狀或針狀，熔融溫度約為1910℃，是瓷製品的主要組分。因它首先在蘇格蘭的莫來島發現，故稱為"莫來石"。

石英的主要作用在於調節泥料的可塑性，降低乾燥收縮，縮短乾燥時間及減少坯體的變形；在燒成時，由於石英的加熱膨脹而部分地抵消了坯體的燒成收縮，當玻璃質大量出現時，石英又成為瓷器的骨架，防止坯體在燒成時發生變形；石英還可提高瓷器的機械強度和半透明度。

長石的主要作用在於：在未燒成前，長石在坯料中起降低可塑性的作用，縮短乾燥時間，減少坯體收縮；而在燒成中熔融物可以促進擴散並促使莫來石結晶的生成與發展；降低製品的燒成

瓷器坯體

溫度；熔融物填充於晶體顆粒之間，有助於坯體的緻密，從而相應地提高了製品的機械強度和電氣性能；提高坯體的半透明度。

除日用瓷器外，別的瓷製品，如化學瓷、電瓷、牆面磚、瓷牙、耐熱瓷等，大部分也是採用上述原料，只是因對製品性能要求不同而採用某種原料的多寡不同而已。如化學瓷坯料是由三氧化二鋁含量較高的黏土與石英、長石組成，長石用量較日用瓷器少，這樣相對提高了三氧化二鋁的含量，使瓷器具有較高的耐火度、較好的耐熱性能以及抵抗侵蝕的能力。長石用量的減少，還可以相應地降低鹼金屬氧化物的引入量，從而增加製品的化學穩定性。

牆面磚的氣孔率較高，坯料中主要為石英及黏土，長石用量很少。瓷牙坯料是以長石為主的，燒成後表面有釉的光澤。

瓷器工業中原料的處理，包括由礦山開採原料到製品成型以前的各個加工過程。如不純原料的揀選、粉碎，瓷器泥料的配製以及加工到適合於成型工序使用為止的全部操作過程，都屬於這個範圍。原料加工處理的目的在於改善原料的品質與性能，使之符合成型、燒成等操作與製品品質的要求。

二、多種多樣的成型方法

坯泥做好後，就可以把瓷器做成各種器物的形狀，這道工序，在製瓷工廠中稱為"成型"。如果你到製瓷工廠的成型車間去參觀一下，你就會對製瓷工人高度熟練的技能讚歎不已。一段段練好的坯泥，到了他們的手裡，就會變成各種各樣的東西。他們用神奇的雙手和各種成型設備，把坯泥做成碗、碟、杯、盤以及台燈座、花瓶等各種雕塑品。然後，把它們一排排、一層層地送入乾燥器中進行乾燥，乾燥後的產品上釉後就可以將其送入窯爐中進行煅燒。

瓷製品種類繁多，坯料性能各異，製品形狀大小，燒成溫度以及對製品性能的要求不同，所用的成型方法也多種多樣。

1. 注漿成型

注漿成型是把泥漿澆注在石膏模型中使之成為製品的一種成型方法。花瓶、品鍋、茶壺、糖缸、奶缸、調羹等形狀較複雜的製品，多採用注漿成型法。注漿成型法較為簡單，即將坯料製成的泥漿注入石膏模型中，因石膏模型有吸水性，靠近模型內壁的部分泥漿水分被多孔質的石膏吸收，在石膏模型內壁形成與模型內壁同樣形狀的泥層，這個泥層隨著時間的增加而加厚。停一段時間後，傾去模型中多餘泥漿，而靠近石膏模型內壁的泥料層則留在模型內。再過一段時間，泥層因自然地收縮而與模型脫離，則可把形成的粗坯取出。

注漿成型法在製瓷工業中使用很廣，但這種成型方法也有不少缺點，如由於泥料含水率高，坯體不易乾燥，若乾燥不均勻，就會導致變形，需要增加龐大的模型製造輔助工序，佔用廠房面積較大，泥漿性能較難控製。勞動強度較大。

近年來，在製瓷業中，對笨重的注漿成型進行了一系列的改革。這些改革，主要集中在兩個方面：

注漿成型

注漿方法的改革。一些瓷器廠已經試製成功注漿成型自動線以及壓力注漿、離心注漿等新方法，大大提高了工作效率，改善了產品品質，減輕了勞動強度。

模具的改革。有些工廠把即將澆注的石膏漿在真空中進行脫氣處理，或將纖維素的衍生物、矽化合物、聚乙烯醇和丙烯酸樹脂等的溶液添加在石膏漿中，以增加石膏模型的強度。此外，還有用其他材料來代替石膏的，如用石英、長石、滑石、氧化鋁等無機物作為無機填料，用酚醛樹脂、尿醛樹脂等作為有機結合劑，經成型在 180℃溫度下固化，製成模型，據說這種無機填料模使用次數高的可達兩萬次以上。

2. 可塑法成型

可塑法成型是根據黏土物質加水混合後具有可塑性這一特點而採用的一種成型方法。這種成型方法又可以分為手工的和機械的兩種。

手工成型：手工成型是瓷器製品最古老的成型方法。這種成型方法，就是憑著成型工人兩隻技巧熟練的手，做出各種形狀的製品，印坯和拉坯就是兩種重要的手工成型方法。所謂印坯，是指將可塑泥料製成適當厚度的薄片，置於石膏模型內，用手指均勻按壓，使其與模型密合，待乾燥至足夠強度時脫模而成。拉坯的方法，是將泥段置於人工轉動或機械傳動的轆轤平臺的中心，然後用雙手拉製成各種器皿。這種方法，不但勞動強度大、產量低、產品規格不一，而且需要技術熟練的工人。因此，現在大批量生產中已不採用，但某些需求量小、造型較為複雜的特殊製品以及大型陳設瓷等仍採用這種方法。

機械成型：這種方法適用於形狀比較規則、造型較為簡單的製品，例如日用瓷中的盤、碗、杯等產品。隨著生產技術的日益發展，這種成型方法的適用範圍也日益廣泛。如歷來採用注漿法成型的魚盤、茶壺、糖缸等，現在也可採用機械製造法，出現了魚盤成型機與壺類、糖缸類旋坯機。

可塑法成型

目前，我國日用製瓷工業中的機械成型方法主要有兩種：一為旋壓，一為滾壓。

旋壓成型就是用裝置在刀架上的型刀（樣板刀）對泥料進行擠壓，使泥料均勻分佈在旋轉著的模型內表面上，從而得到所需要的器形的一種方法。旋壓成型的泥料含水率一般為 24%～26%，比手工成型泥料含水率略低。夏秋季節含水率一般要高 5‰左右。生產中應特別注意器形的大小與成型機械主軸轉速的關係。對盤類來說，製品的直徑越大，轉速應相應減低，否則，將會由於離心力的作用，使泥坯中的水分周邊高，中心低，分佈不均勻。這樣，在乾燥時也就往往會因收縮不一致而產生變形。此外，盤類直徑大，轉速快也會給成型操作帶來困難。

滾壓成型，顧名思義，是對製品又滾又壓的一種成型方法。操作時，把切好的泥餅進行滾壓，從而獲得一定形狀的製品。由於型刀是一個完整的回轉體，在操作過程中對泥料表面的壓力大大增加，而且由於滾壓頭與石膏模的速度差會對泥料產生壓延作用，這就使製品的緻密度大大提高，製品的質量也大為改善。

滾壓成型是目前瓷器生產中較為先進的一種成型方法。它的主要優點是：製品結構較為緻密、均勻，表面光滑，強度較高，因而減少了變形破損，提高了成坯率；由於滾壓成型所需水分較旋壓為少（一般為 21%～24%），因而乾燥收縮較少，縮短了乾燥時間；滾壓頭製造較為精確，所用材料耐磨性好（現在有採用球墨鑄鐵製作滾壓頭的），可保證製品規格一致。

滾壓成型所用的滾壓頭分為熱壓頭與冷壓頭兩種。熱壓頭由鋼或鑄鐵製成，內裝電阻絲加熱，加熱溫度以 110℃～120℃為宜，冷壓頭用聚四氟乙烯或鋼鐵製成，沒有加熱構件。由於冷壓頭結構簡單，維修容易，無須用電，因而目前各瓷器廠普遍採用。但熱壓頭對泥料的含水量及可塑性的要求沒有冷壓頭那麼嚴格。因此，熱壓頭的適應性比冷壓頭要強些。

3. 乾壓成型

所謂乾壓成型，就是將含水率較少的粉粒狀原料，依靠機械的壓力作用而成型。這種方法適於製作形狀和尺寸要求較準確的製品，如多邊形、帶有凹槽且有螺孔需與其他物件配套安裝的製品。

乾壓成型按泥料含水率的不同分為兩種：含水率在 4%～6%稱為"乾壓成型"，水分在 7%～16%稱為"半乾壓成型"。

乾壓成型的原料含水量低，泥料中可塑性原料較少，且呈細粒狀，因而在乾燥與燒成過程中體積收縮較小，這就使製品容易形成我們所需要的準確尺寸與形狀。但乾壓成型往往因施壓方向不同造成坯體內部各部分緻密度不同，出現中間緻密邊角疏鬆等缺陷。為此，必須靈活採用平行加壓或兩頭加壓的辦法來克服。此外，乾壓成型時，顆粒間的空氣往往來不及排除乾淨而殘留於坯體中，造成製品乾燥、燒成過程中出現層裂現象。防止的辦法有兩種：一是兩次加壓，初次壓力小，時間短，提起上模時讓空氣跑出去，第二次再加大壓力施壓；二是首先緩緩加壓，與此同時進行真空處理，再加大壓力成型。

目前，國內瓷器廠採用乾壓成型的製品有耐火材料、地面磚、無

乾壓成型瓷器

線電陶瓷、低壓電瓷等等，在日用瓷器的生產中，應用較多的為匣缽、墊餅（坯體燒成過程中的墊托）等。所用壓機有槓桿式壓機、螺旋式與摩擦式壓機、水壓或油壓機等。隨著生產技術的發展，乾壓成型在瓷器生產中的應用可能會愈來愈廣泛，因為這種成型方法有許多獨特的優點，如可以減少產品缺陷，縮短乾燥時間，簡化乾燥設備，節約石膏模型，提高勞動生產率等等。

三、五彩繽紛的透明外衣——釉

瓷器不僅是我們日常生活中常用的器皿，而且也是供人們欣賞的藝術品之一。當你使用或是觀賞一件瓷器的時候，它美觀的造型固然是你所留意的，但是更能引起你興趣的，還是瓷器表面五光十色的釉。它不但具有青、紅、黃、藍、白、黑等顏色，而且還有許多奇特的色調，使人眼花繚亂。正是這多種多樣的釉色，使瓷器具有巨大的魅力，讓你愛不釋手。那麼，你可知道，釉究竟是什麼東西做成的，為什麼又有那麼多的色調呢？

1. 釉的發明和製作

中國傳統瓷釉的起源可追溯到殷代，當時能夠取得這一重大技術突破的最主要原因在於高溫窯爐的出現以及木柴被普遍用作燒窯燃料。在高溫下，氧化鈣含量高的草木灰與坯胎結合會熔融成玻璃態物質，殷代陶工在這種現象的啟發下，經過探索發明了瓷釉。我們從商代遺址中發現的陶器上看到，在它的表面上有一層很薄的灰黃色或青黃色的釉就是最好的例證。黏土礦物或多或少都含有氧化鐵，所以在器皿燒成後就給釉帶來青綠、青黃、灰黃等顏色。這種釉是青瓷釉的前身，更是釉中的老前輩了。到了漢代，又發明了用鉛作助熔劑的低溫鉛釉。後來，製瓷藝人又在釉中引進石灰石，如明清時期景德鎮用蕨類植物灰或鳳尾草灰和石灰石一起煅燒成釉灰，再和瓷石一起配製成釉料。

釉的發明和發展，使陶器克服了容易吸水和被污染等缺點，改變了陶器粗糙的面貌，不僅提高了陶器的實用價值，而且還豐富了人們的文化生活。更重要的是，釉的出現為瓷器的發明奠定了物質基礎。

釉雖然是用岩石、泥土、草木灰等物質製成，但它的成分卻比較複雜，如果配製不當，就會影響瓷器的品質。從化學組成來看，石灰釉的主要成分是氧化矽、氧化鋁、氧化鈣、氧化鈉、氧化鉀。鈣、鉀、鈉等元素的氧化物起助熔劑作用，在高溫下形成有流動性的玻璃態物質——釉。除了釉的助熔劑和矽、鋁的氧化物比例一定要適當外，還要考慮釉和坯體的膨脹係數必須相近。如果釉的膨脹係數比坯體大得多，那麼在冷卻過程中釉的收縮比坯體的收縮要快和猛，致使釉層龜裂或使坯體破裂；反之，如果釉的膨脹係數比坯體小得多，那麼在冷卻時釉層和坯體就會剝離。由此可見，原料的選擇是一件很不容易的事情。

原料選擇好後，還必須把它配製成釉，方法根據原料而定。如果用草木灰來配釉，先要把植物灰與石灰混合煅燒成釉灰，然後再摻入適量的瓷石，用水攪成漿狀。這種釉含有較多的氧化鈣。釉中所用的瓷石必須先搗碎成細粉，再混入水中攪和方可使用。

釉漿製好後，便要把它施到瓷器的坯體上去，這道工藝叫作"上釉"。如果把釉直接施在晾乾的坯體上，叫作"生坯上釉"，在我國大多採用生坯上釉法。但是也有把生坯先放在 800℃～900℃的低溫下素燒後再上釉，這種方法在我國的使用不太普遍。

上釉的方法一般來說有"蘸釉"（或稱浸釉）、"吹釉" "澆釉"（或稱溜釉）、"塗掛" 4 種。我國在明朝以前大都用蘸釉法來上釉。這種方法就是把坯體迅速地放入釉漿中立刻拿出來，使釉吸著在坯體表面，如此上下二三次就行了。這樣上釉雖然速度較快，但只限於較小的器物，如果器皿的體積較大，重量較重，就很難用蘸釉法來上釉了。

隨著社會的發展和人們需求的變化，人們對瓷器品質的要求越來越高，瓷器的器形變化就越來越多，大的如龍缸，薄的如脫胎器等，這些器物顯然不能用蘸釉法來上釉了。於是，用什麼方法給這些比較特殊的器物上釉，成為廣大製瓷藝人的新課題。勤勞聰明的製瓷藝人經過長期的摸索和實踐，不斷改進上釉技術，到了明代，終於試驗成功了"吹釉法"和"澆釉法"。

吹釉法是在生產極薄極精巧的器皿時用的一種上釉法。人們讚不絕口、

似乎能透視的"脫胎器",除了少數用蘸釉法外,絕大多數都是用吹釉法來上釉的。上釉時,工人用一根直徑約 3~4 釐米、長約 20 釐米的兩頭空的竹筒,在竹筒的一端蒙上一層很薄的紗布,蘸一下調好的釉漿,然後用嘴在另一端用力向外吹氣,使紗布上的釉漿均勻地灑落在坯體上。像茶杯那樣大小的一件器物,要反復吹數百次才能上一層釉。所謂"脫胎器"的薄瓷器,裡外各要噴掛三層以上的釉;而釉漿又具有一定的黏度,要用很大的勁才能把紗布上的釉漿吹落在坯體上。可想而知,每生產一件精美的薄瓷器,不知要耗費製瓷工人多少精力!在封建社會裡,這些精美的器物只能供統治階級使用和玩賞,而廣大製瓷工人卻不得不為此付出繁重的勞動。這種吹釉法在我國一直沿用到近代。新中國成立以後,在吹釉技術上引用了比較先進的噴霧器來噴釉,廣大製瓷工人才得以從繁重的體力勞動中解放出來。

吹釉

澆釉

若是生產體積很大的器物,如瓷獅子、大龍缸之類的東西,則要採用澆釉法來上釉。上釉時,可用茶杯、勺子等一些較小的容器盛釉,順著坯體周圍自上而下慢慢地澆釉,這樣釉汁便均勻地附著在坯體上了。

吹釉法和澆釉法較之於蘸釉法,雖然工序比較複雜,勞動強度也大些,但是它克服了蘸釉法上釉不均勻的缺點。我國明清(前期)時代瓷器品質之所以能很快地提高,和上釉技術的改進是分不開的。

塗釉法就是用刷子或毛筆蘸釉後塗刷在坯體上,這種方法大都用於特別的彩瓷和顏色釉，如法華釉和鈞釉等。

　　坯體上釉後，還要經過一道非常關鍵的工序，那就是入窯燒成。一件產品釉層的成功與否往往取決於燒成的好壞，所以燒窯是很講究的。在燒製過程中，必須要控製好窯內的溫度和升溫的速度，升溫速度要適當，以便使坯體和釉裡分解出的氣體儘量外逸。如果在坯體和釉內還有較多的氣體便開始升溫，釉熔化後就會把過多的氣體封閉在釉層下面，形成大量的氣泡，破壞釉面的光潔。當窯爐熄火慢慢冷卻後，釉便牢牢地結合在坯體的表面，形成一層既光滑又有光澤、帶有一定顏色的玻璃態的東西。到此為止，釉的製作才算全部完成。但是我們日常所看到的釉色有白的、青的、紅的、黃的、綠的等等，那麼這些逗人喜愛的顏色又是怎樣產生的呢？

2. 絢麗多彩的顏色釉

　　顏色釉的發明和發展，不僅在我國文化史上具有重要作用，也給世界文化史增添了極其光輝燦爛的一頁。

　　事物的發展總是遵循從低級到高級、由簡單到複雜這個規律，顏色釉的發展也是這樣。其實釉本身是帶著顏色來到世間的。商代釉陶上的釉就是呈青色的，這是因為釉的原料中含有少量氧化鐵。漸漸地，人們認識到不同的金屬能呈現各種顏色，於是便有意識地選擇一些含有鐵、銅、鈷、錳等元素的氧化物原料製成各種顏色釉。

　　我們知道，青瓷的青色是由於釉中含有一定比例的氧化鐵經還原焰燒成後，鐵變成了低價的氧化亞鐵而呈現出來的。但是就青色而言，又有影青、粉青、梅子青、豆青、蟹甲青等數十種之多，這些不同的青色主要是由於釉中含鐵量的差異和燒製過程中窯爐

龍泉窯梅子青釉瓶（元）

內火焰氣氛的不同所造成的。其次釉內所佔水分的差別或混有其他不純物質以及釉的黏度和釉層的厚薄等原因，也會使青色發生變異。

要做成美麗的青瓷，首先釉中鐵的含量得恰當。如果鐵的含量少於 1%，那麼只能出現像窗玻璃那樣很淡的綠色，鐵的含量多了，又會呈現褐色乃至黑色。一般來說，釉內含有 1%～3%的氧化鐵，用還原焰燒成，由於窯內缺氧而使釉中的部分高價鐵還原成氧化亞鐵，便會出現美麗悅目的青色來。

馳譽世界的南宋龍泉青瓷中，以粉青和梅子青最為著名，可說是青瓷之冠。粉青釉和梅子青釉的含鈣量都較高，雖然都是用還原焰燒成，但是由於這兩種釉的含鐵量不同和釉層的厚度不一，所以其色調也不一樣。粉青釉的含鐵量在 2%左右，釉層的厚度為 1～1.5 毫米，呈現淡湖綠色，恰似碧玉。梅子青釉鐵的含量比粉青釉多，在 2.5%～3.5%，釉層的厚度達 2.5～3 毫米，所以它的色調比粉青深，勝於翡翠。除了鐵是影響色調的主要因素之外，釉中所含大量的分散均勻的氣泡對釉的色調影響也很大，因為氣泡的散射使釉產生乳濁的效果。

釉的成分可以決定青色的美麗與否，但燒窯也是極為重要的。如果同樣用調配好的粉青釉或梅子青釉，但由於燒窯的火焰氣氛控制不好，就不能燒出美麗的青色來。在整個燒製過程中，如果有多餘的空氣進入窯爐，空氣中的氧便會和釉料中的部分鐵結合而變成三氧化二鐵，使色調變成不同程度的黃色。如蟹甲青、蝦青、橄欖綠等顏色就是由於窯爐的還原氣氛在不同窯位分佈不均所造成的。

在燒製青瓷的過程中，往往由於工藝技術上的某些"缺點"，使產品達到一種意想不到的效果。青瓷中的開片和飛青就是由於某些"缺點"所造成的。

開片又叫碎紋釉，也稱紋片或百極碎。這種瓷器的釉面上具有一定規則的許多裂紋，引起這種現象的原因是釉和坯體的膨脹係數不同，在冷卻時，釉的收縮率比坯體大，所以釉面形成裂紋。但是由於器型的不同和釉料收縮區域的不一樣，致使裂紋有大有小，大的如冰片、龜裂紋，小的像牛毛、蟹爪、柳葉等。這種裂紋如果從純技術角度來說，不能不說是一個缺點。但巧妙地利用它來裝飾藝術瓷，卻別有風味，很是美觀。

飛青瓷也是上釉工藝時釉面的鐵粉分佈不均所致，有的地方鐵粉特別多，在燒製過程中不能全部還原成氧化亞鐵而成三氧化二鐵，於是便顯現出黑色斑點。這種青瓷嚴格來說是一種廢品。但是這種偶然現象給了人們一種啟發，在上釉時便有意識地在器物表面的某一局部加鐵，經過燒成便在青色上有規則地出現一些黑褐色。用這種手段來裝飾青瓷也頗有趣味，惹人喜愛。

釉內含有一定比例的氧化鐵用還原焰能燒出各種青色，假如把釉中所含氧化鐵的比例或增或減，不用還原焰而用氧化焰燒成，那麼又會呈現出紅、黃、象牙白、褐、黑等色彩來。

我國古代的釉上彩瓷如宋紅彩、萬曆紅彩、康熙五彩以及鬥彩中的紅色就是用三氧化二鐵做著色劑的。在使用前先把天然的硫酸亞鐵煅燒漂洗後磨成細粉，這種粉末稱為"礬紅"。粉末的粗細對紅色的色調有很大的影響，粉末越細，呈現的紅色就越濃厚而且鮮豔美麗。使用時只需把礬紅塗掛在已經燒成的瓷器釉面上的圖案內，然後再放到爐子上烘烤。烘烤時的火焰氣氛應為氧化焰，而且溫度不要太高，不要使三氧化二鐵熔於釉內，一般在 900℃ 就可以了。烘烤的時間也不宜過長，以免變成其他顏色。

如果同樣用鐵做著色劑，也用氧化焰燒成，只是把燒成的溫度升高，時間延長，就會出現素淨的黃色，這是因為三氧化二鐵熔化在釉內的緣故。黃色的深淡隨著鐵的多少而異。如果釉內只含極少量的鐵，便會呈現像定窯或磁州窯那樣微顯黃色的象牙白色；當含鐵量增加到 5% 左右時，就會變成濃黃色。唐三彩中的黃色和明代廣為使用的三彩和五彩中的黃色，便是用這種方法製成的。

倘若釉中含有多量的鐵，燒成後就會呈現赤褐色乃至黑褐色，這種釉層的厚度如果達到 1.5 毫米，那麼看起來就是純黑色了。我國宋代製瓷藝人創造的天目瓷器和黑定等，釉的含鐵量都在 8% 以上，而光潤如黑漆一樣的烏金釉，它的含鐵量則高達 13.4%。當然黑釉中還有錳等著色元素的配合。

用鐵做著色劑能製成多種顏色釉，用銅做著色劑也同樣能製成各種不同的顏色釉。

眾所周知，銅器不經常擦拭，便會在表面生出一層綠色來，這種綠色就是銅的化合物的顏色。如果在釉內放入一定數量的氧化銅，用氧化焰燒成，釉便會呈現綠色。我國漢代的綠釉器和唐三彩、宋彩瓷以及清代雍正粉彩中的綠色彩料，都是以銅為著色劑的含鉛釉彩用氧化焰在 800℃ 左右的低溫下燒成的。

乾隆鈞紅大賞瓶（清）

同樣用銅做著色劑，若銅的含量適當，以還原焰在 1250℃以上的高溫下燒成，氣氛控製得好，釉中氧化銅被還原而現出美麗的紅色，這就是銅紅釉。我國早在宋朝，鈞窯的製瓷藝人就發明了銅紅釉。人們把這種紅稱為"鈞紅"。從此以後，在素靜雅致的青瓷之外又增添了鮮豔美麗的紅釉，結束了我同瓷器史上青瓷獨佔鼇頭的局面。由於銅紅釉的顏色極不穩定，在基釉成分變化時和工藝處理不同時以及燒窯的火焰性質稍有變化時，色調就會隨之變化而成各種不同的紅色。

繼鈞紅後，我國製瓷藝人又發明了多種高溫銅紅釉，如 15 世紀初出現的祭紅、桃花 18 世紀初葉初露頭角的郎窯紅等品種。這些紅釉雖然都是以還原的膠體銅著色，但由於其釉料組成和工藝處理以及燒成條件有所不同，因而色調風格各有特色。鈞紅的釉料以含有部分玻璃質的原料做熔劑，在素燒瓷胎上上釉，燒成時窯爐的火焰氣氛為強還原焰，溫度高達 1300℃；祭紅在工藝上是生坯上釉，用還原焰氣氛在 1280℃～1300℃的溫度下燒成；郎窯紅也是生坯上釉，但釉料中的熔劑比祭紅多，燒成的火焰氣氛和鈞紅差不多。由於這三種釉在某些方面有些不同，所以色調很不一致。鈞紅釉的色調滋潤均勻，華而不俗，釉面有細小裂紋並有輕微的流淌現象；祭紅的色調深沉安定，不流釉，不脫釉，釉面沒有龜裂紋；郎窯紅的色調比鈞紅和祭紅更為鮮豔悅目，美麗非凡，釉面的流淌現象比鈞紅大，且具有大片裂紋。

桃花片是用一種著色劑創製的具有五光十色的名貴色釉。由於它是以一種銅作為著色劑在同一件瓷器上顯現兩種或兩種以上的顏色，所以在燒成過程中極難掌握，是所有色釉中最難燒成的，因此真正好的產品並不多見，而且價值很高。

在製作桃花片釉時，必須要用不同的釉上二三層，先在坯胎上塗一層比較難熔的、含有適量銅分的青白釉，再把桃花片色料以特殊的技巧吹在青白釉上面，然後再蓋上一層比較易熔的青白釉。在燒成過程中，窯爐的火焰氣氛為還原焰。由於銅的含量分佈不勻，還原焰中燒成含銅的著色顆粒在器物上分佈的密度各不相同，工藝技術上的巧妙處理，卻令瓷器呈現出美麗的綠色和桃紅色交錯分散的圖案，色調千變萬化，奇妙無窮。色調最豔麗的是美人醉，是一種濃淡相間、在濛濛的粉紅色中隱隱透出深紅色的斑點，猶如美人酒醉後的膚色。還有"滿身苔點泛於桃花春浪間"的苔點綠，"綠如春水初生日，紅似朝霞欲上時"的蘋果綠，粉紅、豇頭紅、乳鼠皮、蘋果青、孩兒臉等色調，真是不勝枚舉。

　　銅紅釉的顏色隨著釉中銅的含量多少發生變異。一般來說，釉中銅的含量低於 0.3%，就能得到美麗的紅色；超過 0.3%，釉色就會發綠甚至混濁如同火漆一般。由此可見，釉色的美麗與否和含銅的多少有著直接的關係。

　　僅次於鐵和銅作著色劑的便是鈷。我國最遲在唐代就已經應用鈷藍色來裝飾瓷器了。唐三彩中的藍色和明清釉上彩瓷的藍色，都是用鈷為著色劑的鉛釉在 750℃左右的低溫下燒成的。宋代，製瓷工人利用鈷的呈色原理在釉中加入鈷作為色料，發明了高溫藍色釉，如天青釉、天藍釉、霽藍釉等。

　　有人用"雨過天青""青如天，明如鏡"描述的天青釉，實際上是鐵著色，而其他天青釉是以鈷為著色劑，並用含有鈣、鎂等物質的原料作助熔劑。在製作時應把釉料球磨得很細，然後在生坯上用噴釉法或浸釉與噴釉相結合的方法上釉，用還原焰氣氛在 1280℃～1300℃的高溫下燒成。

　　天藍釉又名"仿汝青"，它的色調比天青釉深一些，具有幽藍明淨、古雅別緻的風格。霽藍釉又名"積藍"，也稱琉璃釉，是從天藍釉衍生過來的。它的色調比天藍釉更深一些，釉層也較厚，釉面既無流淌現象，又沒有紋理，這兩種釉的製作工藝和燒成溫度基本上和天青釉相同，但由於氧化鈷含量的不同，所以呈色也不一樣。

　　瓷器上美麗的紫色，是錳產生出來的。古代，製瓷工人將含錳的天然礦物經磨細後混入堿分多的釉中，在 800℃左右的溫度下燒成，就會出現瑩徹深厚、猶

雍正藍釉花觚（清）

如紫水晶一樣的色調。我國明代法花瓷器中的法紫和清康熙、雍正、乾隆時的茄皮紫以及明清五彩瓷器上的紫色、紫褐、黑褐等色調，都是用錳著色的。用錳做著色劑，釉內必須放大量的堿，才能出現美麗的紫色，如釉中含堿較少，那只能出現褐色。但釉中堿分增加，就會使釉的抗濕能力減弱而容易剝落，這是美中不足之處。

此外還有用鉻做著色劑的豆綠、翠綠和銻做著色劑的蛋黃、鵝黃、蜜蠟黃等色釉，真是不勝枚舉，應有盡有。

3. 巧奪天工的藝術釉

我國古代製瓷工人利用各種金屬的呈色原理，製成許多色彩豔麗的單色釉來裝飾瓷器，應該說是夠美的了。但是他們並不滿足，他們利用不同成分的釉料，窯爐不同的火焰氣氛和溫度，有意識地利用"窯變"燒成"巧奪天工之美，精取玉色之秀"的各種瓷器藝術品。

前面講的銅紅釉中的桃花片，就是利用釉的不同成分和窯爐火焰氣氛的變化製成的，不過它的著色劑只有銅金屬一種。如果用兩種或兩種以上性質不同的單色釉塗在瓷坯上，燒成後就會使釉面出現幾種顏色，構成一幅自然的、人工難以描繪的圖案，如"三陽開泰""窯變花釉""宋鈞花釉""烏金花釉""虎斑花釉"等。

象徵冬去春來、萬物復蘇和表達人們對美好幸福生活憧憬的"三陽開泰"，是我國傳統的綜合藝術釉，它的釉色既變化無窮，又調和融洽。這種釉是用已經配好的郎窯紅和烏金釉交織填塗在瓷坯上，用還原焰在 1280℃～1300℃ 的高溫下一次燒成的。在上釉時先在坯體的口部一圈和腹部成品字形的三圈塗郎窯紅，其餘的地方全塗烏金釉。燒成後，口部的郎窯紅在高溫下自然流動而呈現青白和淡紅的餘色，腹部鮮豔無比的郎窯紅在漆黑鋥亮的烏金釉的襯托下，猶如一輪紅日從東方噴薄而出，煞是好看。在紅黑兩種色釉的交接處由於高溫而互相滲透，現出淡淡的青綠色，在紅色和黑色中漸漸暈散，真是美麗極了。

窯變花釉是清代製瓷工人在鈞紅釉的基礎上發展創造成功的，故又稱鈞紅花釉。製作此釉時，只需在已經燒成的鈞紅瓷上再上一道鈞紅釉，然後再在上面或粗或細、或疏或密地滴塗一種熔融溫度比鈞紅釉低的含有鈷、鐵、錳等著色劑的特製釉料，用還原焰氣氛在1280℃～1320℃的高溫燒成。在燒成過程中，瓷坯上的釉在高溫下產生垂流，因而在紅色底釉上自然形成許多藍白交錯的顏色，有的像和暖的春風拂舞柳枝那樣婀娜多姿，有的像洶湧澎湃的怒濤奔騰不息，有的像節日的禮花劃破夜空那樣趣味橫生……這千變萬化的種種色調，讓人們讚歎不已。

窯變釉三陽開泰長頸瓶（民國）

至於青、紅、藍三色交錯如兔毫紋樣的"宋鈞花釉"，鮮麗自然、紅中露黃、藍色，猶如彩色錦緞的"鈦花釉"；在烏黑發亮的釉面上迸發出奶黃色、藍色、金黃色紋樣的"烏金花釉"；色調自然而又威武逼真的"虎斑花釉"；在鮮紅的釉色中泛現閃紅閃青的紫色，像熊熊燃燒的烈火的"火焰紅"等多色釉，都是用兩種以上的不同色釉，仿照窯變花釉的成色原理製成的。

比上述各種藝術釉更勝一籌的要數結晶釉了。它既不用像釉上彩瓷那樣用人工加工描繪、點金加粉，也不需要用多種色釉上在坯胎上，而只要用配成的釉料塗在瓷坯上裝入窯爐，一次即可燒成。

結晶釉有各式各樣的花紋，有的如瑰麗的花朵春意盎然；有的像飄飄而降的鵝毛大雪和北方寒冬玻璃窗上的冰花；再有的如茫茫無邊的原始森林中的各種樹枝、松針；還有的像夏夜夜空中閃爍光芒的星星以及各種飛禽身上的美麗羽毛等等，共有數十種之多。這種種花紋都是釉中的人造晶體顯現的，所以稱結晶釉。

我國的結晶釉從發明到現在已有一千多年的歷史了。早在宋代，河北定窯的製瓷工人創製出一種"紫黑之釉，滿現星點，燦然發亮，其光如鐵"的結晶釉，稱為"鐵繡花"。這是一種以鐵為著色劑的結晶釉，由於釉中含有較多的三氧化二鐵，所以在燒成時晶體的形成不受窯爐火焰氣氛的影響，但是其顏色卻會因火焰氣氛不同而變，用還原焰燒成為暗黑偏綠，用氧化焰燒成則是偏赤褐色。

宋代江西的吉州窯和福建的建安窯等地所生產的天目釉，也是非常珍貴的結晶釉。它是在石灰釉中加入大量的鐵，然後在 1300℃左右的高溫下燒成的。由於釉的成分、施釉的技巧和釉的黏度、燒成溫度

黑釉油滴天目茶碗（南宋）

的高低以及冷卻速度的快慢等因素的不同，天目釉的顏色和晶體形狀也不盡相同，因此我國古代的天目釉又分為"灰被""黑定盞""玳皮盞""星盞""兔毫""油滴""柿天目"等 7 種。這 7 種天目釉各有特色，如晶體呈斑狀的"灰被"，可能是由於釉內矽的含量較高所致；晶體呈毫毛狀筋脈的"兔毫"，也許是釉內的少量磷促進分相的緣故。再如在黑底上面散佈著許多閃耀著光輝的小圈點的"油滴"和閃爍金屬光澤宛如星星的"星盞"，又有其特殊的形成原因。這兩種釉漿由於黏度較大，上釉前因急促攪拌而帶入空氣，在燒成過程中形成了許多氣泡，隨著溫度的升高，氣泡破裂，氣體外逸，但氣泡的痕跡卻留在釉面上，這時釉中所析出的大量的三氧化二鐵便以氣泡痕跡為中心，密集地排列成放射狀，形成非常美麗的晶體。由於氣泡痕跡基本上是圓的，所以"油滴"和"星盞"的晶體大體上呈圓形，只有少數呈針狀或幾何狀花紋。

現代結晶釉中較易燒製的是矽酸鋅結晶釉和矽酸鈦結晶釉，因為這兩種結晶釉燒成時對窯爐火焰氣氛和冷卻過程中的冷卻速度要求都不高。配製矽酸鋅結晶釉，只要在一般顏色釉中加入 16%～50%的氧化鋅，燒成後便具有大型扇形紋樣或其他各種形狀、色彩的花紋，用它來裝飾器型較大的瓷器很理想。矽酸鈦結晶釉只要在釉料中加 8%～14%的二氧化鈦，經高溫燒成就會出現小而複雜的星狀、針狀、樹枝狀、花簇狀、網狀、冰花、條紋狀等結晶，用它來裝飾小花瓶、煙具、文具、小動物等非常美觀。這兩種結晶釉的晶體大小是由於矽酸鋅和二氧化鈦的結晶能力不同所致。

那麼，結晶釉中的晶體是怎樣形成的呢？人們常常用溶液的過飽和析出晶體來做比喻。在日常生活中，幾乎每個人都要接觸飽和溶液。例如用開水

沖一杯鹽水或糖水，當開水沖入杯中時，可以使鹽或糖全部溶解，但當水溫逐漸下降，就會發現在杯底有鹽或糖的沉澱析出，實際上釉中晶體的析出不會像鹽水或糖水冷卻時析晶那樣簡單。且以天目釉為例簡單談談晶體的形成過程。這種釉的含鐵量很高，也可以說釉中的溶質較多。在燒成時，鐵受到1000℃以上的高溫便熔化在釉中，但是在冷卻時，由於溫度下降，釉會產生兩液分相，釉中的鐵局部富集，從而產生鐵的氧化物結晶。這時窯爐冷卻要慢，並要有一個很長的保溫階段，以利於產生釉的液相分離，鐵的氧化物結晶就會發育生長得較完整。假若冷卻速度較快，那麼晶體的發育成長較差而使晶體變小，就不可能形成結晶。由此可以看出，晶體的形成並不是太容易的事情。

　　我國古代的製瓷藝人在陳舊、簡陋的設備和條件下，憑著自己的勤勞和智慧，在漫長的歲月中，經過不斷的實踐，積累了豐富的經驗，創造發明了許許多多色調豔麗的名貴色釉和奇妙無比的藝術釉，確實是一件很了不起的事情。

四、焙燒瓷器用窯的發展

焙燒是瓷器生產的最後一道工序，是指將成型的瓷器坯體製作完成，必須入窯經高溫焙燒，才能獲得瓷器的一切特性。我們知道，由於製陶原料的改進，釉的出現和燒成溫度的提高，在商周時代出現了原始瓷器。原始瓷器的燒成溫度都超過 1100℃，多數達 1200℃以上。如果焙燒瓷器的瓷窯在技術和設備上沒有一個重大的突破，是不可能有這個進步的。下面就讓我們看一看瓷窯是怎樣發展起來的，以及在發展過程中突破了哪些關鍵技術。

1. 從窯字說起

瓷器製品在成型、上釉等工序完成後，都要放在窯中進行高溫熱處理。大多數窯爐用火焙燒製品，也有些窯爐是用電來提供熱量的。遠在五千年前，我國古代勞動人民就已經知道把製好的土坯放在窯中，用火進行焙燒。

窯，究竟是什麼東西呢？簡單地說，窯是焙燒瓷製品的一種設備。從窯字本身來分析，無論是繁寫的"竈"字，還是簡寫的"窯"字，都有兩個共同的部分 即上面的"穴"字和下面的"缶"字。"穴"是山洞 這好理解，"缶"是什麼東西呢？

談到"缶"，倒有一段很有趣的故事：西元前 279 年，秦王派使者約趙王在澠池（今河南澠池縣）相會，名為促進兩國友好，實則想要脅趙王。趙王害怕遭秦國暗算，很想藉故不去。但謀臣藺相如與大將廉頗等都堅決主張趙王赴會，他們認為趙王如果不去，就顯示了自己的膽怯。趙王最後採納了他們的意見，並命令藺相如同行，廉頗在邊境上佈置重兵，以防不測。會上，秦王假裝酒醉，戲弄趙王，說道："寡人聽說趙王善於彈瑟（一種古代的絃樂器），今日盛會，請趙王彈一曲助興"。趙王不敢不依，勉強彈了一曲。這時，秦國的史官趕快把這件事記

德清亭子橋原始瓷窯址（戰國）

載下來：某年月日，秦王令趙王鼓瑟。藺相如認為這是對趙國莫大的侮辱，非常氣憤，上前對秦王說道："趙王聽說秦王很會擊缶，今日勝會，請大王擊缶助興"。秦王不肯，厲色拒絕，藺相如再次相請，說道："大王如果一定不依，在這五步之內，我願意以頸血濺在大王身上"。秦王左右侍衛立即拔出刀來，要殺藺相如。藺相如面不改色，大聲呵斥，左右侍衛倒退。秦王為了解除眼前的危機，無可奈何地在缶上敲了幾下。藺相如立即命令趙國的史官記下來：某年月日，秦王為趙王擊缶。

這裡秦王所擊的缶，就是窯字裡面的缶，它是古代的一種陶器，用來盛酒。春秋戰國時曾經拿它當作樂器。我國的文字最早是象形文字，"窯"字造成這個樣子，是有一定的依據的。這就告訴我們，最原始的窯爐是利用現成的山洞，或者挖掘洞穴，用石頭砌成，在裡面焙燒"缶"一類的陶器。直到後來的龍窯、階梯窯，甚至今天的倒焰窯、隧道窯，也都有一個"洞穴"，這就是燒成室，在裡面焙燒各種製品，只不過這個洞穴不是挖的山洞，而是用各種耐火材料砌築的；裡面焙燒的製品也不是古老的簡單的"缶"，而是品種繁多、要求很高的瓷製品罷了。

2. 煙囪的出現

我們到江西景德鎮、湖南醴陵或是福建德化、江蘇宜興，以及河北唐山、

山東淄博，只要是瓷器產地，很遠就可以看到煙囪林立，這是燒製瓷器的窯爐的標誌。在窯爐車間，一座座我國自行設計的自動化的隧道窯，便展現在眼前，一車車精緻可愛的瓷器，不斷地從窯的一端吐出……近處，還可以看到少數保存下來的蛋形窯、龍窯、饅頭窯或階梯窯等。這些窯現在已經不大使用了，但在瓷器歷史上它們曾大顯身手，立下汗馬功勞。這些窯在我國瓷器工藝發展史上佔有非常重要的位置，並起了十分關鍵的作用。我國聞名於世的景德鎮瓷器，就是在蛋形窯中燒成的；龍泉青瓷就是在龍窯中燒成的；別具一格的德化瓷則是在階梯窯中燒成的。其他如我國北方所產的汝、鈞、定等著名的瓷器卻都是在饅頭窯中燒成的。如果不是我國勤勞智慧的勞動人民在長期實踐的基礎上，不斷改進，創造了這些因地制宜、各具風格的瓷窯，也就不可能造出那些精美絕倫的瓷器。

我們知道燃燒要有足夠的空氣，如果空氣不足火就燒不旺，就不能把火焰的溫度升高。但過量的空氣又會把大量的熱帶走，火焰的溫度也升不高。沒有高溫的火焰，窯爐的溫度就不能升高。對於燒瓷器的窯爐來講，除了升溫需要足夠的空氣外，對空氣的多少還有另外一個要求，那就是燒成氣氛。也就是說窯爐的氣氛是氧化性質，還是還原性質。大量的空氣可以形成氧化氣氛，空氣不足就會造成還原氣氛。我們可以看出在燒成溫度和燒成氣氛方面出現了矛盾。空氣過量有利於燒氧化氣氛，但不利於提高溫度；空氣不足有利於燒還原氣氛，但同樣不利於提高溫度。要解決這個矛盾，就必須具有較高的燒成技術和完善的窯爐設備。

我國仰韶文化時期的彩陶和紅陶都是在氧化氣氛中燒成的，灰陶和龍山文化時期的黑陶則是在還原氣氛中燒成的。這些陶器的燒成溫度都不超過1000℃，在這種溫度下燒氧化焰或還原焰，古代一般的陶窯還是能夠勝任的。但當溫度提高到1200℃以上，對陶窯的要求就提高了，要求陶窯有一個調節空氣多少的能力，就需要有個煙囪。

煙囪的作用是利用自然的抽風力，使新鮮的空氣不斷流進火膛，幫助燃燒，再將未燃燒完的高溫煙氣──火焰，帶入窯室，加熱瓷器坯件，最後再將燃燒後的廢氣經過它排到空中。在這樣一個過程中，煙囪的抽力大，就會把大量空氣抽到窯爐中，使燃燒完全，就可以使窯內的溫度增加並得到氧化氣氛，反之，如果減少煙囪的抽力，使燃燒不完全，就可以得到還原氣氛。

那麼，我國的古窯是什麼時候出現煙囪呢？根據原始瓷器的出現這一點來判斷，煙囪的出現，應該在商周時期。到目前為止，我國考古工作者還沒有發現帶有煙囪的商代窯，但西周晚期和東周時期帶煙囪的窯都已發現了。如在河北武安縣午汲古城遺址中所發現的東周陶窯，已具備現代陶窯的

原始土窯的煙囪

基本條件，有固定的窯牆，圍繞著略呈橢圓形的窯室，有了封閉的窯頂。火膛已從窯外移到窯內，有固定的窯門供裝窯、出窯之用。特別是在後窯牆有一個煙囪，在窯牆底部有一個進煙口。這就使火焰的流動方式從原來的簡單直焰上升式改進為半倒焰半平焰的混合式。因為它像一個饅頭，所以我們經常稱之為饅頭窯。這種饅頭窯不僅我國北方有，南方也有。在浙江蕭山和江蘇宜興，我國考古工作者同樣發掘到這種帶有煙囪的類似饅頭窯的圓形窯。這說明我國南北方在古代都使用過這種饅頭窯。這時的煙囪可能並不高，但它使陶窯的結構基本定型，窯的結構更加完善。

在陶窯的發展中，煙囪的出現是一個重大突破，它使得人們有能力控制陶窯的燃燒，讓獲得高溫和改變氣氛成為可能。不然的話，後來的"千峰翠色"的越窯瓷器，"青瑩如玉"的龍泉青瓷，中國傳統的"白裡泛青"的景德鎮瓷器和絢麗多彩的各種銅紅釉的燒成就都無法實現了。

3. 多種多樣的瓷窯

我國南北各地的瓷窯在發展到饅頭形的圓窯之後，由於各地所使用的製瓷原料和產品種類不同，以及南北地形和所用的燃料不同，我國古代勞動人民發揮了無窮的智慧，因地制宜，創造了各種各樣的瓷窯，使我國瓷器在產量和品質上都有了一個新的飛躍。

我國北方多平原，又盛產煤。陝西銅川窯、安徽白土窯、河南鶴壁集窯等在宋代已開始用煤作燃料，這比歐洲在 18 世紀才開始用煤要早一千多年。由於煤的火焰比較短，所以窯體不能太大，因而饅頭窯在我國北方繼續發展，到後來更發展成了比較先進的倒焰式的煤窯。這種倒焰式的煤窯不僅北方有，南方也有，在南京中華門外就發現了明代初期所建的倒焰煤窯。一直到現在，我國某些產瓷區還可以看到吸收了一些國外經驗而發展成的倒焰式圓窯。人們已經不再叫它為饅頭窯了，但這種窯的基本結構還和古代的饅頭窯差不多，只不過對於餘熱的利用和火焰的流動方式更為合理罷了。

　　這種用煤作燃料的饅頭窯雖然窯體不大，火焰也較短，但是它同樣能燒出精美的瓷器，河南禹縣富麗堂皇的鈞瓷就是從饅頭窯裡燒出來的。

　　我國南方多山地，又多森林，在很長的一段歷史時期，甚至到明清時期都還以燒木柴為主。木柴的火焰較長，就需要增大窯的容積。擴大窯的容量，可以增加窯的高度或增加直徑，或兩者都增加。但這幾種辦法都不是最理想的，充分發揮長火焰作用的最有效的辦法還是增加窯的長度。利用南方多山的特點，在山坡上砌建長形窯，使在窯頭燒的火焰順著山勢由下向上升至窯尾。這種窯，本身就起了煙囪的作用，它的設計是一種因地制宜的創造。在我國的江蘇、浙江、福建、廣東、江西、湖南等省就從古老的饅頭窯逐漸發展成為龍窯。龍窯多依山坡或土堆傾斜建築，由於窯身很細很長，高寬不過 2 米左右，而長度卻達幾十米，甚至上百米，宛如一條巨龍躺臥在山坡上，因而被叫作龍窯。

　　1976 年在江蘇宜興發現了一座唐代古龍窯，其長度已達 30 餘米。可以想見，這座龍窯肯定不是這一地區的第一代龍窯。1977 年底在浙江上虞縣又發現了兩座東漢晚期的龍窯，其特點是寬、矮、短。可以明顯地看出它保存有圓形（或橢圓形）的饅頭窯的特點，這足以說明它是從饅頭窯過渡來的。

　　我國景德鎮所用的蛋形窯，也是利用

江蘇宜興的古龍窯（唐）

柴火的特點從饅頭窯參考龍窯，發展而來的又一種特殊形式的窯。它的形狀非常像半個雞蛋覆在地上。大頭叫窯頭，是燒火的地方。白裡微泛青色的小頭鎮瓷器以及著名的青花瓷都是在這種窯內用還原焰燒成的。

在福建德化出現的階梯窯，是我國南方以柴作燃料、依山順坡傾斜砌築的另一種形式的窯。它由 5～10 間分開的窯室組成，全長為 15～30 米之間。每間窯室都有自己的燃燒室，又有通火孔相互通連。一般認為階梯窯是由龍窯發展而來的，但它在餘熱利用和控制氣氛方面又比龍窯有更多的優點。最近考古工作者在福建德化屈鬥宮發現了元代的古窯。據分析，它可能就是龍窯和階梯窯的過渡形式。

我國古代勞動人民創造發展了多種形式的瓷窯，它們不僅對我國製瓷工藝發展起過非常大的作用，而且對世界製瓷工藝的發展也做了不小貢獻。

階梯窯首先傳到朝鮮和日本，影響到他們瓷窯的發展。日本就有人認為福建德化的階梯窯是日本串窯的始祖。英國和德國的瓷窯的設計則受到景德鎮蛋形窯的影響。

現代化的隧道窯，則直接起源於龍窯。它們不僅在窯形上相像，都長達幾十米，而且在加熱方式上也比較接近。龍窯是由窯頭逐漸向中部和尾部燃燒，就是在燒窯過程中，使一部分製品在低溫預熱，另一部分產品在高溫燒成，同時還有一部分產品正在冷卻。這種加熱方式即可以充分利用餘熱，節省燃料，還可以縮短燒窯時間。隧道窯則是用機械化的窯車依次把製品送到預熱帶、燒成帶和冷卻帶。兩者的基本構造是一脈相承的。

對隧道窯來講，一座窯所必須具備的那幾個部分已經不是那麼嚴格了。隧道窯所用的燃料不僅不用木柴，而且連煤也不用了；它已經改用油或煤氣，甚至用電來加熱；因而就不需要一個供木柴或煤燃燒的火膛了，它只需在窯牆上裝有幾個噴油或煤氣的噴槍；至於用電加熱，那就只要在窯內的牆上掛上電阻絲或電阻棒，不僅火膛連一點痕跡都沒有了，就是那火道和高高的煙囪也沒有必要了。

隧道窯的得名就是因為它長長的，像一個隧道。我們看到裝著貨物的火車從隧道這一端進去那一端出來。隧道窯也是這樣，它也有一個接一個的窯車從它裡面經過。從這一端推進去一輛窯車，從那一端就被擠出來一輛窯車。進去的窯車裝滿瓷器的生坯，出來的窯車就已經是燒好了的瓷器。它可以這樣連續不斷地一車進，一車出，這種方式叫作連續式生產，因此隧道窯又叫作連續式窯。前面所講到的饅頭窯、龍窯等等都要先把瓷器生坯放到窯內，然後把窯門封起來，點火燒窯。瓷器燒好了，再停火，等它冷卻後再打開窯門把燒好的瓷器取出來，下一次仍然要這樣周而復始地重複一次。這種方式叫作間歇式生產，所有這些窯也都被叫作間歇式窯。從間歇式進步到連續式是近代窯爐發展的一個重大突破，它不僅節省了時間和燃料，而且最重要的是可以使瓷燒成自動化，減輕了燒窯工人的勞動強度，保證了產品品質，提高了產量。現在我國各主要產瓷地區的窯基本上都已改建隧道窯了。

第四編　中國歷代名窯史話

　　如果我們把瓷器譽為土與火的藝術，那麼形形色色的窯無疑是製造這種藝術的夢工廠。以青瓷聞名的龍泉窯、纖細優雅的定窯、豔麗多彩的鈞窯、玉質瑩厚的汝窯、天然美質的哥窯、古樸精純的官窯、集天下之大成的景德鎮窯……無不書寫著一篇篇窯的故事。

一、以青瓷聞名的龍泉窯

青瓷以龍泉所產最為出名。龍泉位於浙江省南部，是我國古代著名的青瓷產地之一。到目前為止，在甌江兩岸和松溪的上游，已經發現的龍泉古窯址就達 200 處以上，它們遍佈在龍泉、雲和、麗水、遂昌、永嘉等縣，形成長達兩三百千米的瓷業帶。如此龐大的製瓷業，在我國瓷業史上是十分罕見的。

1. 中國瓷器的鼻祖

在 20 世紀 70 年代《文匯報》上有段報導：我國考古人員對西沙群島的文物考察工作取得可喜成績……在考察中，考古人員在甘泉島上發現了唐、宋時期的我國古代居民遺址，並先後兩次進行了規模較大的考古發掘工作，出土了一大批文物，其中有 107 件唐代和宋體的青釉陶瓷器……大量的文物資料無可爭辯地證明，西沙群島同南沙群島、中沙群島、東沙群島一樣，自古就是我國神聖領土，我國人民是那裡的真正主人。

在上面這段報導中所談到的"青釉陶瓷器"，或者在別的報刊中談到的"青瓷"，有些人可能感到陌生，但它們卻是中國瓷器史上閃耀著燦爛光輝的明珠。

如果你到博物館參觀，就會發現我國元代以前的瓷器大多數都是青色或近似青色。青色來源於釉青，所以稱為"青釉器"。青釉器中胎質比較緻密而符合"瓷"的標準的就叫作"青瓷"。我國古代瓷器的品種很多，但最先發明的是青瓷。

在博物館裡，你還可以看到我國瓷器從陶到瓷的演變過程，大致經歷了陶、原始青瓷和青瓷這三個階段。從工藝發展的角度來看，原始瓷和青瓷是一脈相承地發展起來的，所以原始瓷可以說是青瓷的前身，是從陶到瓷的發展過程中產生的過渡性產物。

在古代，特別在元、明以前，人們所用的瓷器大部分是青瓷。青瓷從東漢開始出現，直到清初停產為止，其間有一千多年的歷史。在這個漫長的歷史時期中，燒造青瓷的窯場遍佈全國各地，其中比較著名的窯場，在南方有浙江的越窯、甌窯、龍泉窯，杭州郊壇

原始青瓷四系罍（西周）

下官窯；在北方則有河南臨汝的汝窯、開封的北宋官窯，陝西銅川市的耀州窯等。在博物館裡，你可以看到所有這些窯場的代表性作品。歷史上相傳的宋代五大名窯，即官窯、哥窯、汝窯、定窯和鈞窯，其中官窯、哥窯和汝窯都是以燒造青瓷而聞名於世的。

那麼，為什麼我們的祖先最先發明的瓷器是青瓷而不是白瓷？為什麼在古代青瓷比白瓷更為普遍？我們知道，要燒製外觀潔白的白瓷首先要有合適的瓷土，特別是含鐵量比較低的瓷土，但這種含鐵低的瓷土礦在地面上分佈較少，比較不容易獲得，而含鐵量較高的瓷土礦則分佈較廣，比較容易獲得。古代由於地理上的限制，特別在交通運輸不方便的條件下，對於這種大量需要的原料，一般都只能就地取材，就地使用，所以古代大多數窯場只能用含鐵量較高的原料來製造瓷器。可是在開始時，用含鐵量較高的瓷土燒製的瓷器，胎呈灰白色，釉的色調黃不黃，青不青，不太好看。博物館中陳列著的原始青瓷和早期青瓷就是這個樣子。

然而實踐出真知，我國勞動人民在改造社會和改造自然的實踐中，不斷地積累經驗，不斷加深和提高對社會現象和自然現象的認識，他們發現利用一種含鐵量較高的瓷土也能燒製十分美觀的瓷器，其關鍵在於在燒成過程中要掌握窯裡面的氣氛，即在適當的時候燒適當的還原焰。所謂還原焰就是窯爐裡的氣體中含有一定量的一氧化碳。一氧化碳是一種還原性氣體，它能把

釉料中的大部分氧化鐵還原成氧化亞鐵，從而使釉呈現一種比較悅目的青色。

青瓷的釉色呈色到了唐代已有了相當大的提高，唐代詩人陸龜蒙用"九秋風露越窯開，奪得千峰翠色來"的詩句來讚美越窯青瓷。唐代陸羽所著《茶經》中對越窯青瓷也做了"越瓷類玉"的高度評價。到了南宋時期，浙江龍泉窯所燒造的青瓷達到登峰造極的地步，它的釉色簡直像碧玉和翡翠一樣引人入勝。這種青瓷後來逐漸傳入朝鮮、日本、中東和歐洲，並曾使這些國家和地區的人們為之傾倒。

龍泉窯青釉貫耳瓶（南宋）

龍泉青瓷在歐洲叫作"雪拉同"。在 17 世紀初，法國小說家雨爾費寫了一部著名的長篇小說。這部小說是 17 世紀法國最受歡迎的讀物之一，後來它又被改編成為劇本，並搬上了舞臺，曾轟動一時。演出時，劇中的牧童雪拉同穿了一件像海水一樣可愛，像青天一樣美麗的青色外衣，逗人喜愛。而中國龍泉青瓷在當時也是轟動一時的東西，許多人對它的喜愛幾乎達到著迷的程度，人們很想給它起個能夠表達那種狂熱感情的名稱。恰好龍泉青瓷的色調和牧童所穿外衣的色調一模一樣，因而人們就把"雪拉同"這個名字贈給龍泉青瓷。直到現在，歐洲人還是把龍泉青瓷叫成"雪拉同"。

2. 龍泉古窯的興衰

早在晉代和隋、唐的時候，浙江的製瓷業就已經相當發達了，當時燒造青瓷的窯場遍佈全省，其中最著名的要算上虞、余姚和寧波一帶的越窯和溫州、里安、永嘉一帶的甌窯。龍泉窯就是在越窯和甌窯的基礎上發展起來的。

在五代和北宋時期，龍泉窯在數量上和製瓷技術上都有一定的發展，不過從整個發展過程來看，五代和北宋早期的龍泉青瓷還是屬於初創階段。

北宋末年，我國北方一帶相繼為金所佔，宋王朝遷都臨安（今杭州）後，宋王朝的統治階層以及地主商人紛紛隨著南遷，江南一帶人口激增，對日用品（包括瓷器在內）的需要量成倍增加。同時，北方各地名窯遭到了戰爭的破壞，南運瓷器大大減少。為了解決這個問題，南宋王朝在臨安設立官窯，專門燒造宮廷用瓷，同時民間也出現了大量的瓷窯。在這種情況下，龍泉窯在原有的基礎上得到很大的發展，在數量上和品質上都達到了前所未有的高峰。

南宋時龍泉地區燒造青瓷的窯場，主要分佈在大窯和溪口兩地。當時在大窯附近沿溪十裡的大小

龍泉窯遺址

山坡上，密密地分佈著一條又一條的龍窯，總數多達50條以上。我們知道，瓷器生產工序繁多，主要包括瓷土礦的開採、選礦、粉碎、淘洗、配料、練泥、成形、乾燥、修坯、素燒、上釉、燒成、選瓷、包裝等十多道工序，還有運輸、燃料以及管理等等。一條龍窯，每次可燒二萬件左右瓷器，在古代勞動生產率很低的情況下，全部工序估計至少要配備上百個瓷工。當時，且不算溪口、金村、麗水、遂昌等地的窯場，單是在小小的大窯村裡，就有幾十個煙囪在噴吐著黑煙，瓷工在繁忙地勞動著。白天煙霧彌漫，夜間爐火輝煌，那一幅繁忙的景象反映出南宋時期的龍泉窯，生產規模是何等巨大！

考古工作者在龍泉古窯的發掘過程中還發現了宋代製造瓷器的工廠。工場裡有成形間、烘胎間、煉泥池和淘洗池等遺跡，還有石杵等粉碎瓷土礦用的工具，場房的四周多半無牆，四通八達，沒有遮蔽。成千上萬的瓷工，就是在這樣惡劣的勞動條件下，創造了精美無比、舉世聞名的龍泉青瓷。

南宋龍泉青瓷品種繁多，舉凡餐具、茶具、文具、娛樂用品、日常生活用品、陳設裝飾用品以及死人陪葬用的"明器"等等，無所不有。這也顯示出當時工藝水準之高和生產規模之大。

龍泉窯青釉牡丹紋三足爐（元）

龍泉窯到了元、明時就日趨衰落，清初以後就完全停止生產。元、明時龍泉窯的衰落和景德鎮白瓷的盛行有關。當時景德鎮除了生產優質的白瓷外，還有青花、釉裡紅、五彩等品種，這些色彩繽紛的瓷器的出現，使單一色調的龍泉青瓷相形見絀。此外，龍泉青瓷生產工藝複雜，成品率低，這也是它衰落的主要原因之一。

龍泉青瓷停產二百多年後，它的聲望卻越來越高了。新中國成立前，西方列強在瓜分中國的同時，還大肆劫奪和破壞我國文化遺產、珍貴文物和藝術珍品。在清朝的皇宮（北京故宮）裡，收藏著宋、元、明、清各代的大量藝術珍品，其中就有包括龍泉青瓷在內的不少歷代名窯精品。它們是我國勞動人民積千百年辛苦創造的藝術精華，是血汗與智慧凝聚成的結晶，但在八國聯軍入侵我國、強佔北京之時，這些藝術珍品就有不少被西方列強們搶走了。

有些外國人則和反動軍閥、地主官僚和古董商勾結，用卑鄙的手段把龍泉地區老百姓家裡祖傳的青瓷以低價大量騙買過去。還有些外國人以傳教士身份潛入龍泉，深入窮鄉僻壤，"毀屋發瓦、剖墓求珍"，開始時只揀好的拿，到後來甚至連碎片也不放過。那時，有些人見有利可圖，就大搞仿古，有的則在龍泉古窯址中尋找未燒好的欠火坯入窯複燒，偶爾也能燒出幾件好的來，充作古董出售。西方列強把巧取豪奪得到的大批藝術珍品成箱成箱地偷運回國，至今在他們的博物館裡和私人收藏家的庫房裡，還收藏著大批我國歷代名窯的精品，其中也有不少龍泉青瓷的精品。

二、纖細優雅的定窯

定窯是繼唐代邢窯白瓷以後興起的一個巨大的瓷窯體系,中心窯址位於今河北省曲陽縣,集中分佈在澗磁村和東、西燕川村。此外,在野北村、紅土墊等地也有一部分遺跡。曲陽縣宋時屬定州,而且是曲陽所燒瓷器的主要集散地,因此稱為"定窯"。

1. 定窯燒瓷的歷史

定窯燒瓷的歷史可以上溯到隋代。從隋到唐武宗時期（6世紀末—9世紀中葉）是定窯的初創時期。這時定窯產品的品質較差,產品都是日用器皿,造型不甚規整,胎體厚重粗鬆,含有大量雜質。釉質粗澀,以生產北方青瓷為主,多施黃釉、褐釉及青黃釉,也生產一些白釉瓷,多呈淺灰或灰白色,需使用化妝土來提高白度。裝飾有比較原始的菱形方格紋、網紋和戳點紋。器物的外壁大多光潔無火刺。

唐武宗以後的晚唐時期到五代末（9世紀中葉—10世紀中葉）,定窯進入了初步繁榮期。這時期器物種類增加,造型精美,特別流行仿金銀器的五花式、三花式的碗。胎體變得潔白堅硬,瓷化程度較高,胎體較薄。釉面變得光潤平整,釉色潔白的已佔了絕大多數。大多數器物仍無裝飾,少量器物上出現了雕刻蓮瓣紋、印花蝶紋和鹿紋以及少數簡單的劃花紋。陝西西安火燒壁唐長安城安定坊範圍內出土了33件定窯白瓷器,時代約為晚唐或五代。

定窯白瓷官款葵口盤（五代）

因此也稱為"五雙脊式盤"，淺腹，壁外撇，圈足。胎體很薄，質細膩，色潔白，瓷化程度很高，有一定透明度。通體施白釉，釉色白中閃青，釉面光潤。圈足的足心劃刻"官"字，畫線深而有力。此器是定窯這一時期生產水準的傑出代表。

進入北宋以後，定窯持續發展並達到了高峰。由於定窯展示出高超的製瓷水準。因此，在北宋時最先被指定為燒製御用瓷的官窯。現在發現的定窯瓷器，有許多帶有各式題款，在北宋早期的器物中，常見的有"官"或"新官"字款，此外還有"尚食局""尚藥局""食官局"等官府名稱刻款，還有"奉華""慈福""禁苑""德壽"等宮室刻款，足見它是一座官窯。

定窯是在唐代邢窯的影響下發展起來的，在製作上傾向於精白細緻與優雅的方向，十分講究胎料的加工，所用的瓷土都經過精細的篩選，因此胎體的可塑性極強。胎質潔白細膩，做出的器物胎壁很薄，在北方的白瓷系中是出類拔萃的。在釉色上，有的呈乳白色，有的則微微泛一點紅色，比起唐代邢窯雪白的釉色，顯得更淡雅清麗。同時，定窯的窯工們吸取了五代越窯的刻花和劃花裝飾，在白瓷器上刻上或劃出各種花卉圖案。到了北宋中期，又採用了篦紋裝飾，在大朵的枝葉和花瓣上劃出細碎的篦紋，增加了花紋的魅力。這樣，定窯的工匠繼承了邢窯的白瓷，吸收了越窯的裝飾，盡取唐代南北兩大名窯之長，成為北宋時最傑出的白瓷窯場。

北宋哲宗元祐元年（1086年）以後，定窯進入了獨特風格的形成

定窯白釉刻花蓮菊紋"官"字款蓋罐（宋）

時期,器物種類增多,胎壁更薄,釉色主要是白泛米黃色,開創了以印花為主的裝飾風格,影響了整個北方地區。由於定窯瓷器壁薄,又裝飾有刻畫花紋,因此,為了防止在燒製過程中變形,採取了以窯具承托口沿的覆燒法,創造了一種新的窯具——支圈,代替傳統窯具支燒。

金滅北宋,北方地區盡入女真人之手。定窯在宋金戰爭中受到沉重打擊,在靖康之變後的幾十年間,生產停滯,大批工匠南逃,許多定窯優秀的工藝傳到了南方景德鎮等地,促進了南方瓷業的發展。南宋以後,景德鎮的一些產品,無論從造型、裝飾和裝燒工藝,都與定窯十分相似,因此被後人稱為"南定"。

金世宗大定年間(1161年—1189年),社會經濟得到恢復和發展。定窯在北宋成就的基礎上繼續發展。這個時期,定窯在產品品質和工藝技術方面與北宋末年大體相似,器壁仍很薄,釉色略泛黃,但印花裝飾空前流行,紋飾十分生動,流行寫實的風格,大量出現動物紋、植物紋和吉祥圖案。如蓮花、牡丹、石榴、菊花等植物;魚、鴛鴦、鷺鷥、鴨、龍、鳳等動物紋飾以及犀牛望月、獅子戲球、福鹿(祿)和嬰戲蓮塘等吉祥圖案,表現出從清雅藝術向庶民藝術的轉型趨勢,更富有民間氣息。

金宣宗貞祐元年(1213年)以後,定窯所在地很快落入蒙古人手中,定窯迅速衰落,精細的產品停燒,從總體面貌上看,變成了與磁州窯相似的一個生產粗瓷器為主的窯場。

2. 定窯的顏色釉瓷

定窯素以精美的白瓷聞名於世,出土和傳世的定瓷也以白瓷居多。除了白瓷,定窯還燒製少量的顏色釉瓷器,如醬釉、黑釉及綠釉瓷器等。如明曹昭《格古要論》所記載:"有紫定色紫,黑定色黑如漆。土具白,其價高於白定。"其實前人所稱的"紫定"釉色並非真正的紫色,而是指醬色。定窯窯址曾出土一些醬釉、黑釉瓷器,可見其胎質與白瓷一樣,細白堅致,胎體輕薄。釉面潤澤,黑釉則黑亮如漆,醬釉則呈色深淺不一,多種多樣。有較淺的醬黃色,也有較深的絳紅、醬紫、深褐色。均採用正燒法燒製,圈足底部無釉。造型除了碗、盤外，還有瓶、盒、罐等。就窯址出土的瓷片進行分析後可知，醬釉瓷的釉料配方與黑釉相似，工藝原理也基本一致，只是燒成溫度高於黑瓷。

　　相對於白瓷，定窯醬釉瓷出土不多。除定窯窯址所出外，江蘇鎮江北宋熙寧四年（1071年）章岷墓曾出土一件定窯醬釉瓶，瓶高23厘米，口徑6.3厘米，為小口、板沿、豐肩、下腹內收、圈足，其釉呈醬紅色。2005年7月，江蘇金壇市的一座宋墓中新出土了一件非常完整的紫定瓶，胎質潔白精細，瓶內滿施白釉，外施醬色釉，釉質瑩潤，清逸典雅，可謂目前所見定窯醬釉瓷中的絕品。

定窯醬釉瓶（北宋）

　　安徽省肥西縣還曾出土一件紫定金彩矮梅瓶，高18.1厘米，口徑7.1厘米。小盤口，長頸，鼓腹，假圈足。此器胎體很薄，從其腹部的一處破洞可以看出其胎質細白，胎壁僅厚1毫米。通體施醬色釉，近底處無釉，露白色胎骨，釉面光潔。器表繪金彩紋飾，雖脫落殆盡，但痕跡猶存，依稀可辨。腹部飾由荷花、荷葉與叢生的蒲草組成的蓮池紋，足飾多重蓮瓣紋一周，蓮瓣內填飾朵花紋，落筆纖細，線條流暢。此器的釉色並不是最美的紫定，但器形十分規整，並加施金彩，仍為定窯不可多得的珍品。

　　黑釉定瓷存世也極少，僅有屈指可數的幾件可算得上是真正的"黑定"。定窯窯址中曾出土一件黑釉撇口深腹碗，確如曹昭《格古要論》中所說的，其釉色黑亮如漆，釉面瑩潤，光可鑒人。黑定的器型以碗、盤為主，其中又以斗笠碗品質最精，數量較多。日本出光美術館收藏的定窯黑釉描金斗笠碗，撇口，小足，典型的宋代造型。圈足無釉，露出潔白的胎體，與漆黑光亮的釉色形成鮮明的反差，極具藝術效果。碗心用金彩描繪花卉紋，但已脫落殆盡。

　　除了醬釉、黑釉器，定窯還燒造少量的綠釉器，有學者稱之為"綠定"。綠釉定器不見文獻記載，目前所知道的完整器極少。有專家曾在定窯遺址發現兩片綠釉瓷片，其中一片胎質潔白細膩，裝飾也與同期白瓷如出一轍，可能屬於綠定器。定州市博物館收藏的綠釉剔花蓮紋遊鴨枕，枕為橢圓形，枕

定窯綠釉剔劃花蓮鴨紋枕（宋）

面飾一幅荷塘小景：一隻水鴨悠閒自在地浮游於水面上，周圍荷花、荷葉隨風搖曳，極富生活氣息。其胎質較粗糙，胎體輕薄，胎色較深，裝飾手法與同期的白釉剔花枕相同，也是剔花後施釉，再入爐焙燒。這件綠釉枕及其他綠釉殘器一樣，應是仿磁州窯的產品。正是因為綠釉定瓷非常稀少而可貴，造假者紛紛把目光盯在綠定上，曾見有人為獲得了一件贗品綠釉器而欣喜若狂，以為得到了稀世珍寶。

三、豔麗多彩的鈞窯

鈞窯屬於北方青瓷系統，窯址位於河南省禹縣。鈞窯瓷器是宋代瓷器百花園中的一朵奇葩。它首創了在釉中添加氧化銅作為呈色劑的新工藝，為我國的陶瓷美學開創了一個嶄新的領域。

1. 禹縣鈞窯的來歷和特色

傳說在我國原始社會末期，黃河水災嚴重，當時的部族聯盟首領舜任用鯀來治水，他採用堵塞的方法，但洪水一來就衝垮了堤壩，治了九年還是沒有成功。舜就把鯀流放而死，又用鯀的兒子禹繼續治水。禹在十年中三次經過自己的家門，一次也沒有進去看一下。他辛勤工作，改用疏導的辦法，治理了水患，被推舉為部落聯盟的首領。

現在河南省中部的禹縣，傳說就是夏禹受封的地方。

禹縣在宋代盛產瓷器，後人稱這裡的瓷器為"鈞窯"。至於叫它"鈞窯"的原因，直到現在還有爭論。

有人說，禹縣這個地

鈞台鈞窯

方在金代改名為鈞州，因此這裡的瓷器稱作"鈞窯"。到了明代萬歷時，因為皇帝的名字叫朱翊鈞不准人們再提"鈞"字,否則就觸犯了皇帝姓名的"諱"，所以"鈞窯"也就變成了"均窯"。

其實在古代文獻上就記載著夏禹的兒子啟在奪位後，曾召集各部落的君長在"鈞台"舉行盛大宴會，慶祝他正式繼位。這個"鈞台"就在河南禹縣的北門外，也就是宋代盛燒瓷器的窯址所在地。鈞窯也可能由此而得名。至於"鈞"和"均"字，在古代本來就是通用的。

宋代是我國製瓷史上空前繁榮的時期。浙江的龍泉窯和陝西銅川的耀州窯以生產青瓷著名，這是一種介於青釉和白釉之間的青白釉瓷器；山西、河北、河南還大量生產白底黑花的民間瓷；江西吉安的永和窯和福建的建窯也都是著名的瓷器產地。但是最有名氣的要算北宋時開封和南宋時杭州的官窯、河南臨汝的汝窯、河北曲陽的定窯、大小紋片相結合的哥窯和禹縣的鈞窯，也就是後人所說的"五大名窯"。

鈞窯既然是宋代五大名窯之一，它的特色究竟是什麼呢？

鈞窯的主要釉色品種有天青、月白、海棠紅和玫瑰紫四類，和其他窯口的瓷器相比，它的胎質也還算屬於堅固的一類。釉色以蛋白石光澤的青色為基調，具有乳濁狀和不透明的感覺，那是由於鈞窯的釉料中混有的磷酸鹽和釉料中的還原鐵相結合，加上釉層中的氣泡較多所產生的效果。

鈞窯的另一個特點是在瓷器上時常出現不規則流動狀的細線，其形狀好像一條蚯蚓在泥土中游走，因此稱為"蚯蚓走泥紋"。這種"蚯蚓走泥紋"的存在，是因為鈞窯一般都經過素燒，也就是為了避免瓷坯在高溫燒造時破裂和變形，先以較低溫度燒一次，以固定坯體。但它有時會促成釉層在燒窯過程中,於低溫時發生裂紋，隨著溫度的逐漸燒高，使黏度較低部分的釉流入和填補裂紋造成的空隙，就形成了和眼淚流下來一樣的那種"蚯蚓走泥紋"，也有人稱為"淚痕"。後人在偽造宋代鈞瓷時，往往在這一點上沒有辦法做得像，

鈞窯月白釉蚯蚓走泥紋雞首壺（北宋）

因此這種"蚯蚓走泥紋"也成了鑒定文物真偽的一個標準。

　　釉的乳濁狀和蚯蚓走泥紋是鈞窯瓷的兩個特色，但是它們並不是使鈞窯成為五大名窯的原因。人們所以那麼推崇鈞窯，是因為它在我國製瓷歷史上有重要的特殊成就，這個成就是鈞窯工人在掌握窯變規律性的基礎上發明了影響深遠的銅紅釉。

2. 窯變和銅紅釉的發明

　　窯變是指人們無法控制的在窯爐中產生的突然變化。這種偶然的窯變，即使在今天也會發生。就在前幾年，我國一個瓷廠在燒製一批瓷擺件時，一只瓷馬忽然通身出現了和斑馬完全一樣的美麗釉彩。但在沒有找出其原因以前，是沒有辦法再重複燒製這種完全相同品種的。"窯變"除了瓷器釉色的突然變化外，有時也可能出現器形的變化。宋代的官窯和哥窯，本來應該是粉青、月白或米色釉，但據說曾出現過漂亮的紫紅顏色，甚至構成了蝴蝶、禽鳥、麒麟和虎豹形狀的花紋。當然，這裡有很大的誇張成分，但在窯爐中出現意想不到的變化是完全可能的。

　　古代的地主、官僚和瓷器作坊的老闆往往利用"窯變"來宣揚唯心主義，說什麼這是神仙的力量，因此要供神敬仙；而那些不講道理、貪得無厭的帝王、大臣又往往逼著製瓷工人重複生產同樣的窯變瓷器，這就逼得工匠們在發現窯變瓷器時，由於害怕傳出去引起統治者的貪欲，反而惹出麻煩，於是就偷偷將它毀掉。相傳，在宋代江西吉安的永和窯，有一次瓷工發現要燒的瓷器變成了和碧玉一樣美麗而貴重的東西，他們怕被皇帝知道後強迫再燒出這種器物，於是就把窯爐封閉起來，逃到景德鎮去另尋出路，據說景德鎮的瓷工從那時起就以吉安永和人佔多數。

　　窯變是不是完全不可理解呢？我們知道在任何偶然性中總是包含著必然性的。窯爐中發生的窯變總有它一定的科學道理，問題只在於一時不易找出它的原因罷了。宋代鈞窯的製瓷工人正是在這方面做出了特殊貢獻。

　　我們上面說過，鈞窯的釉色基調是青色，那是氧化鐵著色劑在還原氣氛中的呈色作用，而鈞窯特別受人稱讚之處，則是在這種青色釉中往往出現或深或淺的紅色或紫色。這種紅紫相映的色彩又很自然地形成斑狀、雲彩狀甚至如崩塌的山峰形狀，它的變化非常複雜微妙，有時好像在山間夕陽西下時，藍色的晴空中突然出現一朵紫紅彩雲的美麗景象。假如用我國唐代詩人的一句詩句"夕陽紫翠忽成嵐"來描繪它，可說是恰

鈞窯鼓釘三足洗（宋）

到妙處。近代一些國外的學者也極力稱道鈞窯的這種彩色說："即使是對於瓷器毫無興趣的美術愛好者，看見它也會忽然變成了陶瓷愛好者。"

　　鈞窯瓷器上，在青釉中出現這種紅紫相映、光彩奪目的色調，在開始的時候顯然是偶然的窯變。但後來鈞窯工人在反復的實踐中找到了這種窯變發生的原因，有意識地追求這種釉彩效果，人為地在青釉中燒出這種紅色來，從而發明了銅紅釉。

　　我國古代瓷器釉色的金屬著色劑，主要是氧化鐵。從原始瓷器到晉瓷和唐代的越窯、宋代的龍泉、耀州瓷和官、哥、汝瓷的釉色都是不同程度地運用氧化鐵的作用。著名的東晉德清窯的黑釉也是氧化鐵著色的效果。氧化鐵由於它不同的分量和燒成氣氛以及釉的化學組成可以呈現出青色、褐色、黑色、黃色和紅色等許多不同色彩來。但是，鐵的紅色是一種低溫色釉，不論它的光澤程度或彩色的鮮豔性都遠不及銅紅釉的效果好。在宋代鈞窯以前，雖然在唐代山西的交城窯址也發現過銅紅釉的品種，但我國的製瓷匠師們當時還沒有熟練地掌握銅紅釉。

　　從現在我們掌握的化學科學知識來說，如果用還原氣氛，也就是用碳多的火焰煆燒含有微量氧化銅的釉，這時原來和銅相結合的一部分氧或全部氧，就與火焰中的碳相結合，使釉中的銅成了氧分比例少的氧化亞銅，或不含氧的純銅，使瓷器呈現出十分美麗的紅色。

　　鈞窯最早在青釉中出現的紅色，正是在釉料中不自覺地混雜著微量氧化銅的作用，甚至在窯的天井、窯壁或附近的器物上附有少量的氧化銅，偶然落在瓷釉中也會呈現出紅色來。鈞窯工人認識了這個規律，從而就在青釉中故意加入氧化銅，製造這種紅色釉彩。至於紫色，那是青和紅兩種釉融合的

鈞窯銅紅釉雙系小罐（宋）

產物。為了使釉呈現出美麗的紅色，所含的氧化銅十分講究分寸，少了固然達不到目的，稍稍多一點也會得不到好的效果，一般說含氧化銅最好在 0.3%～0.5%左右。我國研究古陶瓷科學的專家"曾分析過同一鈞窯標本上的天青釉和紫斑部分，其結果是兩種色釉的化學成分除氧化銅外完全相同，氧化銅的含量紫釉為 0.33％，而青釉則僅為 0.089%……說明鈞窯釉的紫斑是有意識塗上去的"。氧化銅如果增多，釉色就會變成火漆那樣的混濁，假使放入 10%左右的氧化銅，那就將出現黑色，若用更多的氧化銅甚至還可能燒成福建建窯那種黑釉。這樣看來，宋代鈞窯工人能燒出鼓釘洗那種紅釉來，絕不是一件容易的事，它說明了早在距今九百年前我國的勞動人民就已掌握了銅紅的著色作用，從而發明了銅紅釉。

那種珍貴的鈞窯銅紅釉瓷器，在宋代大多是皇帝的宮廷用器。我國的文物考古工作者對河南禹縣的鈞窯舊址進行了發掘，發現有一些鈞紅瓷器刻有一、二、三……的編號，這些器物就是北宋末年宋徽宗大搞花石綱，搜羅全國奇花異草時所用的花盆陳設器。北京故宮博物院和上海博物館的陳列室中，都展出了這類珍貴的器物。

四、玉質瑩厚的汝窯

汝窯是宋代著名的官窯，它是我國自東漢末期以來所燒製的青瓷器在工藝上達到爐火純青的傑出代表，在宋代燦若繁星的群窯當中高居榜首。明代王世懋在《紀錄彙編》中評價："宋時窯器，以汝窯為第一，而京師自置官窯次之。"

1. 汝窯的窯址在哪裡

北宋末年，統治者追求玩物工巧之風彌厚篤深，人們都以追求風雅古樸為樂事。早期供御用的定窯器因為有芒口而不堪為用，因此特命將作少監蕭服設汝州瓷窯務，製造青瓷，以供尚方御用。為了滿足當時的時尚，汝窯不以華麗的裝飾、豔麗的釉彩取勝，而以淡雅深沉的釉色，精細純熟的工藝贏得了宋代諸青瓷之冠。

汝窯的窯址在哪裡，這是長期來困擾人們的一個問題。根據古代瓷窯以地命名的習慣和文獻上"汝州新窯器"的記載，半個世紀以來，考古工作者在今河南省汝州市（原臨汝縣）範圍內，進行了多次考古調查，發現了四十多處古窯址。這些窯址有的規模很大，遺存十分豐富；有的瓷藝精良，色釉俱佳，與宮廷御用的汝窯傳世品十分相近。但這些窯址都無法斷定是汝官瓷的生產地，於是給這些窯場一個總稱——臨汝窯系。這些窯場具有典型的民窯特徵，以青釉印花瓷器為主要產品，與耀州窯的風格相似，而品質略遜於耀州窯。

清涼寺汝窯瓷片（北宋）

1985 年秋，清涼寺村民老王自家院內的紅薯窖被下了兩天的大雨泡塌了。雨過天晴，老王在往外清理塌下的泥土時發現了許多匣缽、碎瓷片。老王並未在意，因為在當地這些東西遍地皆是。但當他的腳踩到一個土坷垃時覺得不一樣，便彎腰拾了起來，忽然發現一個完整的天青釉盤粘在土坷垃的背面，老王高興地喊道："我挖出一件囫圇盤子。"當時在路邊聊天的人聞聲圍過來爭相觀看，紛紛議論著。恰好此時，在縣瓷廠任技術員的王留現路過此地，聞聲也趕來觀看。當王留現接過瓷盤仔細辨別後，心裡不由一震，"天青色釉，開片密佈，圈足外撇，芝麻釘支燒"，會不會是汝窯瓷器？對瓷器情有獨鍾的王留現雖有鑒別瓷器的經驗，但對面前這件"寶物"卻不敢斷言。後來經過協商，王留現用 600 元買下了這件瓷器。

1986 年 10 月，王留現帶著採集的瓷片和這件文物參加中國古陶瓷研究會西安年會。會議將結束時，王留現拿著它找上海博物館古陶瓷專家汪慶正說："耽誤您一點時間，請您看看這件東西。"汪慶正接過後非常震驚地問："從哪里弄來的？""是在寶豐清涼寺。""這應該是件汝窯洗。"為了弄清楚它的來源地，會閉，上海博物館即派研究員趕到寶豐清涼寺進行調查。經過兩次現場調查，採集到 46 件瓷片和三件窯具，經過分析化驗和對比，確認為汝窯遺物，得出了一個結論：清涼寺窯址就是尋找近千年的汝窯遺址。1987 年夏，王留現先生把這件為尋找汝窯提供重要線索的汝窯洗捐獻給了上海博物館收藏。

為探尋汝瓷官窯所在地，在國家文物局的指示下，河南省文物考古研究所於 1987 年 10 月對寶豐清涼寺汝窯址進行了第一次試掘，即發現窯爐兩座、作坊兩座、排水溝兩個、灰坑兩個。特別是在一個窖藏坑內出土較完整瓷器 30 餘件，其中北宋御用汝瓷 10 多件與傳世宮廷汝瓷相同，從而解決了歷史上半個多世紀以來的一大懸案，確認寶豐的清涼寺村為宋代汝瓷官窯的所在地。

清涼寺村盛產陶土，是製造瓷器的重要原料。附近的一條山溝，因出產瑪瑙而被稱為"瑪瑙溝"。瑪瑙是汝瓷釉料的一種，正是它使汝瓷區別於其他瓷器，釉面呈現出特殊的光澤。新中國成立後，政府組織當地技術力量，依靠這些獨特的地方特產，恢復汝瓷的燒造工藝。此外，不斷出土的瓷片和瓷器精品，為汝瓷的燒造工藝的改善提供了依據，汝瓷得到了新生。

清涼寺汝官窯遺址

　　汝瓷的燒製時間很短，品質又很精，如果沒有雄厚的瓷業基礎，是不可能做到的。寶豐清涼寺窯在北宋初年就已創燒，總體上屬於臨汝窯系的一個窯場。臨汝窯系青瓷生產技術的發展，孕育了成為魁首的汝窯。宋代的制度是：對於一部分宮廷或官府的用品，由政府向著名的手工業品產地定做。汝窯也屬於這種情況。儘管當時臨汝窯的青瓷在全國並非品質最好，但汝州距京城汴梁（今開封）較近。在為宮廷燒造瓷器時，基本可以肯定是集中了當地最好的工匠，並且可能有從外地招來製瓷高手。比如，汝窯採用的用細小的"麻花支釘"支燒的滿釉支燒法，就首先發現於湖南的湘陰窯，這項技術很可能就是學自那裡。集中當地乃至各地最優秀的工匠，這樣就使汝官瓷在原來臨汝窯的基礎上有了質的變化，成為全國最好的青瓷器燒造作坊。當汝官窯停燒後，清涼寺窯又恢復到一個普通民窯的本來面貌，生產豐富多彩的瓷器品種：既有刻花或印花的青瓷，也有以白底黑花為代表的磁州窯類型的瓷器，還有鈞釉瓷器。窯場的燒製一直延續到元末。

2. 汝窯及汝瓷的特點

　　"汝瓷之貴，一片難求。"著名國畫大師李苦禪先生亦曾說過："天下博物館無汝者，難稱得盡善美也。"這些讚譽之言都說明了汝官瓷的珍貴，而

汝窯三足弦紋尊（宋）

這些瓷器的珍貴除有其燒造時間短的原因之外，還與其自身的特點密切相關。

汝窯燒製始於宋初，盛於北宋晚期，終於元末。汝州的御製官窯，即"汝官瓷"燒製於宋哲宗元祐元年至宋徽宗崇寧五年（1086年—1106年）的20年間，因宋金戰亂而失傳。御用汝瓷因是宋代汝窯專為宮廷所燒製的瓷器，獨具特色。

汝官窯的燒製時間短，一直都作為貢品，所以民間流傳甚少，南宋時已屬"難得"之物，被視為珍品。元、明、清各朝代更是將汝窯官窯深藏宮中，稱其為舉世公認的稀世珍寶。清雍正前後有仿汝器出現，然而仿造者只重釉色，胎骨呈白色，造型也不及宋時古雅大方。目前，傳世汝官窯器物不足百件，分別收藏在北京故宮博物院、上海博物館、天津藝術博物館、臺北"故宮博物院"、英國達維德基金會以及美國、日本、中國香港等私人收藏家手中。北京故宮博物院收藏的一件汝窯三足弦紋尊，高13.1釐米，器形為直筒形，腹較扁，底部接三個小蹄形足，通體施天青稍泛綠色釉，有細碎的開片，釉面勻淨溫潤，底部有五枚細小的支釘痕跡。這是一件稀有的汝窯傳世品。

從清涼寺汝瓷窯場發掘的材料顯示，其產品有如下六類：

和清官舊藏傳世汝窯名品一致的天青釉汝瓷；豆青或豆綠釉印花瓷，這類瓷所佔比例最大；白釉珍珠底劃花瓷；黑釉繪醬花瓷；白底黑花瓷；宋三彩。

其中，天青釉汝瓷，釉層勻淨似玉，開片疏密有致，胎骨細膩堅實。天青釉汝瓷器形有盤、洗、瓶、碗、樽、壺、盆、爐、盒、盞托、器蓋等；裝飾手法有刻畫花、貼塑、雕塑；常見紋樣有蓮瓣紋、折枝蓮紋等；除在釉色、胎質上和清官藏汝窯名品一致外，以細支釘支燒的裝燒工藝也和傳世汝瓷特徵相同。

就地層材料看，該窯場的燒造時間大致經歷北宋早、中、晚，金、元五個時期。北宋早期為初創時期，產品以白瓷為主，兼燒少量青瓷和黑瓷。北宋中期為發展期，表現為青瓷數量增多，紋飾內容有蓮花、牡丹、弦紋、線紋等，青釉釉層變厚。北宋晚期是其鼎盛時期，豆青、豆綠釉青瓷器開始成為產品的主流，並出現了天青色釉瓷器；紋飾內容新增龍紋、海水遊魚；裝飾手法劃花、印花並見。金、元時期，該窯場走向衰落，表現為青瓷釉色變深，釉面缺乏光澤，釉層內雜見褐色斑點，器物形體增大、厚重。器物種類方面，除了瓶、樽、洗、爐、壺等陳設用瓷外，還發現大量碗、盤、盆、碟、盞托、套盒等生活用具，改變了傳統認為汝窯只燒製供玩賞的陳設品的看法；有的器物如熏爐等，形狀很大，使人們重新看待"汝瓷無大器"的傳統說法；而有的器物表面飾有刻畫花，並發現龍體、鳥首等裝飾，則大大拓寬了人們對汝瓷鑒賞的視野。汝窯除燒青瓷外還燒白瓷、黑釉、三彩、白黑花以及白花青瓷、天藍釉鈞瓷等多種產品。

綜合來看，汝瓷的特徵主要表現在以下幾點：在製瓷工藝上，汝官窯瓷器超過了以前南方所有的青瓷，產品胎質細膩，胎骨薄而堅硬。因胎土中含有微量的銅，使胎色呈現"赤色"，稱"香灰胎"，又叫"銅骨"，較為細膩。在燒成工藝上，主要採用外裹足滿釉支燒法，即用各類匣缽一缽一器燒製而成。採用滿釉支燒的方法燒成的支釘痕，其細小而規整的程度絕無僅有。在盤、碗等器物的底部往往可見細如芝麻的小支釘痕。另外，還有少數器物採用墊

汝窯青瓷（北宋）

餅的方式燒製而成。

汝窯主要依靠釉中所含的少量的鐵成分，在還原氣氛中被燒成純正的天青色。汝窯釉面開裂紋片也成為一種裝飾——工匠使在燒成過程中無意識的缺陷（由於胎、釉膨脹係數不一致而產生的缺陷）變成了有意識的裝飾。

汝瓷釉色潤澤，釉中含瑪瑙末，產生特殊色澤，其色卵白、天青、粉青、豆青、蝦青中往往微帶黃色，還有蔥綠和天藍等。尤以天青為貴，粉青為上，天藍彌足珍貴。釉層瑩厚，有如堆脂，曾博得"汁水瑩厚如堆脂"的好評，視如碧玉，扣聲如磬，釉面沙眼顯露了蟹爪紋、魚子紋和芝麻花。在裝飾工藝上有少數刻花和劃花裝飾，還有龍體和鳥首等裝飾。

汝窯發揮了隋唐釉下刻、劃和堆、雕工藝傳統，又接受了南方越窯的釉色，借鑒了定窯的印花技術，同時還受到陝西銅川耀州窯的影響，集眾家之長，創造了具有時代特徵及汝窯窯口印花青瓷的獨特風格，成為中原地區的重要窯口之一，在中國古代瓷器史上獨樹一幟。

五、天然美質的哥窯

哥窯是我國南方青瓷產品發展到宋代的傑出代表之一。哥窯瓷器以獨特的藝術風格著稱於世，其特點是造型簡練、古樸，製作精巧；主要產品有貫耳壺、菊瓣盤、仿古代青銅簋式爐和長頸扁腹瓶等。其造型典雅古樸，開片裝飾獨具魅力，一直以來深受人們的喜愛。

1. 哥窯瓷器的特徵

從器形上看，哥窯瓷器與官窯瓷器基本相同，常見的有碗、盤、碟、洗、小杯、瓶、爐等，只是尺寸略小，從傳世的哥窯器看，其器高和口徑都沒有超過 25 釐米。胎有瓷胎和砂胎兩種。瓷胎含鐵量很高，顏色有黑褐色、茶褐色、黃褐色、青灰色等，胎骨較堅細，叩之清脆有聲。砂胎胎質粗松，叩之聲音沙啞，色呈土黃，似欠火力。釉多勻厚腴潤，顏色一般分三種，粉青、灰青、米黃。粉青釉是在還原焰中燒成，灰青釉產生於中性焰中，米黃釉產生於氧化焰中；不同的色澤是由於窯內氣氛不同造成的，其中粉青釉所需窯溫最高，也是最好的釉色。從釉面看，其精光內蘊，粗看好像顏色略暗，不甚瑩澈，但細觀則如人皮膚上有微微的汗意，潤澤如酥。哥窯瓷均有開片，一般開片的顏色有紅褐、黑褐、茶褐、淡褐、棕紅、淡黃色等。大開片紋路較深，多為鐵褐色；而大開片之間的小開片則紋路較細密，顏色頗淺淡，呈黃色，因此古人雅稱其為"金絲鐵線"。釉內多有細小的氣泡，如"聚沫攢珠"，若隱若現，自然生成而變化多端。以上這些構成了哥窯瓷器與眾不同的藝術風格，使其不僅躋身宋代"五大名窯"之列，而且在中國瓷器發展史上佔有重要的地位。

關於哥窯瓷器獨具魅力的開片裝飾，有一個流傳久遠的傳說。說的是南宋時浙江龍泉縣有一個燒了一輩子瓷器的章姓老窯工，死前將兩座瓷窯分別交給兩個兒子生一、生二兄弟倆主持，並要他們相親相愛，互相扶助。父親死後，兄弟二人各主一窯，分別燒造青釉瓷器，生一所燒稱為"哥窯"，生二所燒稱為"龍泉窯"。哥哥一生勤勤懇懇，兢兢業業，把全部身心投入到燒窯之中，因此燒出來的瓷器造型優美、品種豐富、品質優異，深受人們的喜愛，遠近聞名，十分暢銷。而弟弟燒出的產品則品質較差，銷路很受影響，因此對哥哥非常妒忌。一次，正當哥哥生一的一窯瓷器燒成開窯之時，生二在極度嫉恨之下，將冷水潑到滿窯瓷器上。因這時窯內的溫度還很高，瓷器驟遇冷水，釉面遂產生了大大小小、變幻不一的裂紋，而這些裂紋如冰河開裂，紋路自然生動，別有風味。但生一將這種與原來風格迥然不同的產品視作敗筆，無奈與親兄弟又不能太計較，只好非常沮喪地將產品拉到集市上賤賣，沒想到人們對這種風格獨特的瓷器新品種非常喜歡，紛紛購買，一窯瓷器竟很快一搶而空。生一非常高興，回去後仔細揣摩研究，慢慢掌握了這種冰裂紋的形成規律，並有意識地應用到瓷器的燒造過程中，從而形成了以深淺不一、精美別致的開片紋為裝飾風格的哥窯瓷器。

然而傳說畢竟只是傳說，其實開片紋的形成有著科學合理的解釋。由於瓷器的胎、釉成分不同，因此有著不同的膨脹係數，在燒製完成後遇冷空氣會產生不同的收縮力，當釉面收縮的程度比坯體大時，就會導致釉層斷裂，形成大小不等、形狀各異的裂紋，這就是開片。自瓷器誕生之日起，這種由於工藝技術上的失當而形成的開片就是窯工們一直在想盡辦法極力避免的缺陷。及至兩宋，追求自然、質樸的大宋皇帝們卻別出心裁地利用這種自然生成、變化萬端的開片紋，配以端莊的器型和素雅的釉色，製成了古樸雅致的官窯瓷器，開啟了古瓷器審美意趣的嶄新一頁。而哥窯則更進一步，不僅如

哥窯八方碗（宋）

官窯一般掌握了人工控制開片生成的方法和技巧，更對開片紋進行了人工染色，從而使得紋片中的粗紋浸染稍重，呈黑褐色；細紋則因吃色較少而色澤清淡，呈黃色，也就是人們常說的"金絲鐵線"紋。這樣粗細不同、濃淡不一的紋線交織在一起，裝飾性更強，效果更加鮮明奪目。根據這些紋片的形狀，人們還將其分別冠以"冰裂紋""蟹爪紋""魚子紋""牛毛紋"等美稱。

2. 哥窯瓷器精品

傳世的哥窯瓷器主要收藏在北京、臺北兩座故宮博物院及上海博物館中，尤以臺北"故宮博物院"數量為最，國內外一些其他收藏機構僅有少量收藏。兩座故宮博物院所藏的哥窯器大部分是清宮舊藏，其他收藏機構的也多是從清宮中流散出來後，幾經輾轉才得以入藏的，從總體數量上來說並不多。有人曾對國內外各收藏機構所藏的哥窯瓷器進行了統計，據說總數不超過 300 件，由此可見其珍貴。

魚耳爐是哥窯器的代表作之一，國內外有多家收藏機構收藏，臺北"故宮博物院"就收藏有多件。其中，米色釉魚耳爐，高 8.4 釐米，口徑 11.7 厘米，足徑 9.4 釐米，腹圍 43.6 釐米，器仿青銅器簋形，侈口、短頸，兩側各飾一魚形耳，腹扁圓、平底、矮圈足。器身施釉極厚，不甚潤澤，正如人微微出汗後的皮膚，但質感很強。器內外均有開片，大小開片相結合，分別呈紅褐或淺褐色，如蛛網密佈，深淺變化自然生動。加之器形敦厚穩重，更增添了許多古樸端莊的貴族氣息。北京故宮博物院也收藏有一件米黃釉魚耳爐。此爐尺寸不大，高 8.3 釐米，口徑 11.9 釐米，足徑 9.5 釐米。此器胎骨較薄，內外均施滿釉，釉層豐厚，柔潤如玉，器身開滿深色冰裂紋，縱橫交錯，姿態萬千，別具風格。其造型優美，線條流暢，是宋代哥窯器中的佼佼者。

哥窯米色釉魚耳爐（宋）

傳世哥窯器中爐的形製多樣，除了魚耳爐，還有三足爐，如藏於臺北"故宮博物院"的米色釉三足爐，高 8.3 釐米，口徑 13.2 釐米，底徑 12.5 釐米。口微斂，直壁，平底，三蹄形足。釉色米黃，開淺黑及白色細碎紋片。此種爐還見於北京故宮博物院，只是器身斜直外撇，釉色為月白色。臺北"故宮博物院"另有一件沖耳乳足爐，釉色灰青，器身內外佈滿黑色或淺褐色魚鱗狀開片，紋片細碎均勻，唯爐頸部及足尖部紋片略大而富於變化。此爐仿青銅鬲，侈口，束頸、圓腹、圓底，三個矮胖乳足，其造型規整，古意盎然，加之釉質瑩潤勻淨，可稱得上是哥窯瓷器中的精品之一。

　　現藏於首都博物館的哥窯雙貫耳八棱瓶，高 14.8 釐米，口徑 4.5 釐米。器型仿自青銅禮器中的鈁，器作折角八菱形，造型典雅莊重。口微微外侈，粗頸內束，下腹外鼓，高圈足。頸部有凸弦紋兩周，兩側附對稱的管狀貫耳。通體施米黃釉，胎為沉香色。器身佈滿開片，大小開片相結合，是典型的"金絲鐵線"式。大開片顏色深沉，紋路較粗，小開片顏色金黃，紋路較細。造型的古樸、雅致與裝飾的自然、華麗相輔相成，令人歎為觀止。類似造型的瓶在其他收藏機構也有收藏，如臺北"故宮博物院"的月白釉貫耳弦紋瓶，高 13.4 釐米，器口縱 4.6 釐米、橫 5.1 釐米，略有折棱，器腹為扁圓形，器身深褐色大開片間又有細碎的淺色小開片，紋線的粗細、大小及色澤深淺富於變化。

　　膽式瓶也是哥窯瓷器中的典型器型之一，也有人稱之為"錐把瓶"。臺北"故宮博物院"收藏的灰青釉膽式瓶，高 16.4 釐米，口徑 1.8 釐米，足徑 5 釐米。直口，筒形長頸，腹上削下豐，平底，矮圈足。胎骨很薄，釉呈灰青色，釉質勻厚溫潤，釉內滿布半透明的小氣泡。器身佈滿黑色的細碎開片，主紋自右上向左下傾斜，其小小的不平衡感更增添了器型的端莊，並平添些許俏皮。

　　北京故宮博物院收藏的弦紋長頸瓶，高 20.1 釐米，口徑 6.4 釐米。撇口，長直頸，飾弦紋三道。腹近扁球形，矮圈足。器身遍佈

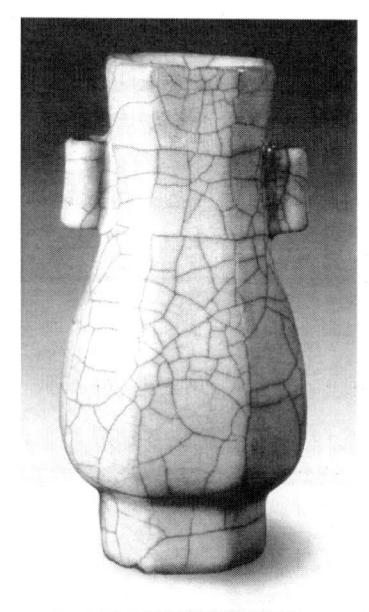

哥窯雙貫耳八棱瓶（宋）

細密開片，紋線亦自右上至左下傾斜，尤以長頸處明顯。

哥窯瓷器中除禮器類以外，多有日常生活用具，如碗、盤、洗、碟等。米黃釉碗藏於臺北"故宮博物院"，器高 7.2 釐米，口徑 19.8 釐米，足徑 6 釐米。為侈口，弧形深壁，平底，矮圈足。胎骨堅薄。釉為米黃色，勻潤厚

哥窯粉青葵瓣口盤（宋）

唯器口稍薄。碗內外皆開滿極細碎的褐色紋片，如細密的蛛網，即古文獻中記載的"百圾碎"，其紋線深淺相間，渾然天成。

碗、盤、杯等器型多作花式口，有葵花、菊瓣、牡丹花口等。臺北"故宮博物院"的粉青葵瓣口盤，口作六出花瓣式，折腰，平底，矮圈足。其釉色粉青，釉質潤澤光潔，深淺相間的褐色開片以盤心為中心略呈向外輻射狀。器高 5 釐米，口徑 19.3 釐米，底徑 7.5 釐米。

灰青菊花式碟，高 4.1 釐米，口徑 16.3 釐米，足徑 5.4 釐米。此碟造型規整別致，口及器壁呈 14 瓣菊花形，胎骨很薄，使器形愈顯輕巧。釉質肥厚瑩潤，器身滿開黑色或淺褐色紋片，裝飾性極強，是傳世哥窯器中的上乘精品，現藏於臺北"故宮博物院"。淺青茶花式杯也是該院的精緻藏品之一，高僅 3.3 釐米，口徑 7.4 釐米，底徑 4.3 釐米。其器形小巧玲瓏，為五瓣茶花形器身，胎骨輕薄，釉質厚腴瑩潤，深淺不一的開片紋自然靈動，不事雕琢而渾然天成。

灰青釉八方杯，現藏於臺北"故宮博物院"。高 4.6 釐米，口徑 7.7 釐米，足徑 3.3 釐米。器作正八方形，侈口，弧形深壁，平底，圈足較高略外撇。灰黑色胎，胎骨較薄。釉呈灰青色，口緣部釉層極薄，幾近無釉，是為"紫口"。全器厚釉瑩亮，釉內氣泡較大，且十分明亮。深、淺褐色開片相結合，縱橫交錯，自然生動，極富裝飾性。此杯與英國大維德中國藝術基金會收藏的一件哥窯八方杯有異曲同工之妙。後者口徑 8.6 釐米，胎薄釉潤，月白色釉與黑色開片相映成趣，全器似碎為若干片後又被修整如初，具有極強的藝術震撼力。

上海博物館的米黃釉五足洗，高 9.2 釐米，最大口徑 18.8 釐米，底徑 7.7

哥窯米黃釉五足洗（宋）

釐米。圓唇，直腹，平底，矮圈足。口沿飾乳釘 5 枚，下承如意形扁足 5 只，上下呼應，諧趣頓生。棕黃色胎，釉呈米黃色，胎厚釉潤，製作規整。器身開黑黃兩色紋片，坦平緊密。大開片呈黑褐色，小開片呈米黃色，兩種紋片猶如"金絲鐵線"縱橫交織在一起。器心有支釘痕 6 枚，圈足內施釉。

現藏於臺北"故宮博物院"的灰青釉罐，器作斂口，弧形深壁，平底，矮圈足。造型端莊規整，胎骨較薄，釉極勻潤，開極細碎的黑色紋片，即"百圾碎"。器高 8.3 釐米，口徑 12.7 釐米，足徑 8.9 釐米。

由以上傳世哥窯瓷器可知，哥窯瓷器造型端莊華貴，裝飾古樸典雅，展現了宋代皇室所推崇的古雅自然的時代風格，與宋代官窯瓷器極為相似，因此素有"官哥不分"之說。

六、古樸精純的官窯

官窯是宋代統治者在內府中自設的窯場，專門燒製供內府所用的瓷器精品。它又分為北宋官窯和南宋官窯。現存的宋代官窯瓷器基本上都是原來的清宮舊藏，絕大多數收藏在臺北"故宮博物院"和北京故宮博物院，其他收藏機構僅見零星收藏。"官窯"產品既有傳承，又各具特點，因其特殊的身份特點，比另外四大名窯的瓷器多了許多雍容華貴的皇家氣息。

1. 官窯的歷史傳承

北宋官窯又稱汴京官窯，現在只能通過文獻和傳世器物來討論它。關於北宋官窯的記載，最早見於南宋人顧文薦的《負暄雜錄》，其中說："宣政間京師自製窯燒造，名曰官窯"。說明它始燒於宋徽宗政和到宣和年間（1111年—1125年）。

此外，在同書中以及南宋人葉真的《坦齋筆衡》一書中，提到南宋官窯時，都特別強調其是"襲故官遺製"。這些出自當朝人手的文獻都證明北宋官窯是確實存在的。但是由於它所在的汴京，在北宋滅亡後的八百多年中，多次被氾濫的黃河所淹沒，現在的開封城已高出宋代的地面5～6米，窯址深埋地下，根本無法尋找。多少年來甚至連一片北宋官窯的碎瓷片都找不到，因此有人對北宋官窯的存在提出了懷疑。

但是從現在珍藏在故宮博物院的傳世品看，北宋官窯的器物，確實與南宋官窯不同。其造型典雅古樸，製作極精美，釉色淡青、晶瑩純厚如堆脂，遍身開縱橫交錯的大塊紋片，露出深褐色的胎色，更顯出青釉的冰清玉潔，尤其是它採用極細的支釘支燒，與汝窯相類似。不同於南宋官窯的是它還具有"紫口鐵足"的特徵，成為收藏家們鑒定北宋官窯瓷器的重要特徵。

南宋官窯是宋朝統治者逃到江南後建置的。北宋官窯在靖康之變中毀於一旦。宋徽宗百般搜羅的珍玩異物亦被金人盡數掠走。統治者逃到江南後，苟安片刻，便馬上開始重新搜羅各代珍異，並仿北宋之制設窯燒瓷。

官窯粉青花觚（北宋）

南宋官窯的窯址，明王世性《廣志繹》載："官哥二窯 宋時燒之鳳凰山下，紫口鐵腳……"因此，半個多世紀來，許多中外學者都到杭州鳳凰山下進行調查，儘管那裡地面散佈了許多瓷片，卻並沒有發現南官窯址。相反，在烏龜山下卻發現了所謂"郊壇下"窯址。20世紀50年代和近幾年，考古工作者對這個遺址進行了科學發掘，不僅發現了很多器物，還發現了窯爐。

據郊壇官窯考古發掘的資料表明，南宋早期的青瓷產品為薄胎薄釉青瓷，胎薄質細，色黑褐或深灰；釉色以粉青為主，兼有青灰、青黃和炒米黃等色調；釉層薄而潤澤，工精質高。青瓷的形製、胎、釉和支燒工藝都與北宋汝、官窯青瓷特點相類似，確為"襲故官遺製"。

南宋後期官窯對青瓷的燒造追求玉石質感，改變製瓷工藝，創用素燒胎多次上釉、二次燒成的厚釉工藝，製出薄胎厚釉青瓷，釉質如玉石般光亮瑩潤，釉面上顯露橫豎交織的蟹爪紋片或層疊的冰裂紋片。厚釉工藝的具體做法是先低溫素燒坯，後施三至四層釉，釉厚如堆脂，再經高溫燒成，一般釉厚在2毫米以上。厚釉易粘接支燒工具，造成廢品。但厚釉工藝的使用也促進了裝燒工藝的改良，變滿釉支釘裝燒為刮釉墊餅裝燒，即將碗、盤、洗、瓶等圈足器的底端釉刮掉露胎，以墊餅墊燒。由於官窯青瓷胎料中含鐵量高達3.5%～5%，致使製品的口緣釉薄處顯露出灰或灰紫色，圈足底端刮釉露胎處呈黑褐或深灰色，形成"紫口鐵足"的特徵。

郊壇官窯燒製的青瓷器物除碗、盤、洗外，又多仿古代青銅器的式樣。如故宮博物院收藏的官窯弦紋瓶，高 33.6 釐米，洗口、長頸、碩圓腹、圈足，頸至腹部凸起弦紋數周，圈足兩側有對稱的橫孔。通體施深灰色釉，釉色厚潤瑩亮，有"紫口鐵足"的特徵。此瓶古樸端莊，為仿漢銅壺的式樣。

　　宋代滅亡後，以後各代都曾仿燒官窯器，景德鎮就曾設有專門仿燒官窯器的"官窯戶"，但大多不及宋代的古樸素雅，有的釉色呈淡白或油灰色。

官窯弦紋瓶（南宋）

2. 故宮博物院的藏品

　　兩宋官窯上承北宋汝窯的製瓷風格，由北宋汴京官窯，到南宋修內司官窯和郊壇下官窯，一脈相承而來，創造了精美絕倫的官窯青瓷器，其宛若美玉的乳濁感的青釉，典雅高貴的器物造型，自然天成而巧奪天工的紋片裝飾都令人如癡如狂。官窯器本身是為宮廷燒製的，供應宮中的日常用器及陳設、祭祀之用，因此民間非常少見。元、明、清各代，其清雅古麗尤其得到自詡高雅的皇族的珍愛，他們將之視若拱璧，並世代相傳，絕少用來做明器陪葬，因此在大量的考古發掘中出土很少。流傳至今的傳世品多為清宮舊藏，現在主要收藏於臺北"故宮博物院"和北京故宮博物院，珍藏於國內外其他收藏機構的少量藏品也是從宮中流出的。下面，我們選取臺北"故宮博物院"部分官窯瓷器做簡略介紹，以使大家對官窯瓷器擁有較為全面的認識。

　　粉青釉鬲式爐，高 12.7 釐米，口徑 15.8 釐米，腹圍 55.6 釐米。此器極規整，器型仿自青銅器的鬲。直口出唇微上撇，短頸，肩稍寬，腹扁圓，三足甚高，略外撇。足部外側有出戟通至肩部，出戟圓潤而不尖利。胎質較薄。滿釉不露胎，釉層極豐厚腴潤，玉質感很強，有細碎開片紋。此爐厚釉瑩潤如玉，造型端莊，甚有雍容華貴的皇家風範。

粉青三登方壺，造型獨特，器高 11.4 釐米，小直口，口、底平面為長方形，口長 6.5 厘米，寬 3.7 厘米；平底，矮圈足內收，底足長 9.8 釐米，寬 6.8 釐米。器腹是由底及頂、逐層內收的三層抹角的立方體組成，仿佛三層逐級上升的階梯，故名"三登壺"。胎較厚重，圈足破損處露出深褐色瓷胎。釉色粉青，器身滿布細密的淺色開片，釉內氣泡豐富。

粉青葵花式小碗，高 4.9 釐米，口徑 12 釐米，足徑 3.6 釐米。侈口，弧形深壁，口及器壁呈六瓣葵花式，平底，矮圈足。底足露胎，胎薄釉厚，釉極瑩潤光潔，器面開數條深色大開片。此碗小巧精緻，雖不經雕飾，但華美異常，實為北宋官窯器中的佼佼者。

官窯粉青三登方壺（北宋）

粉青膽式瓶，高 13.8 釐米，口徑 2.4 釐米，底徑 4.6 釐米。灰黑色胎，胎骨較薄。釉質腴潤，自上而下有數道疏朗的長紋片斜挎器身，有如綬帶。器形輕靈沉穩，宛若一個亭亭玉立的雅致女子，靜靜地等待著。

以上四器在臺北"故宮博物院"的《故宮宋瓷圖錄》中被列為北宋官窯器。粉青琮式瓶，器仿玉琮形製。高 18.8 釐米，口徑 12.9 釐米，底徑 12.3 釐米。胎骨厚重，釉面不勻，開細碎淺色紋片。玉器琮用於祭祀時禮天，此器也應該是作為祭祀禮器而燒製的。

淺青投壺的形製模仿於青銅器投壺，高 11.8 釐米，口徑 2.1 釐米，足徑 4.9 釐米。直圓口，筒形長頸，頸的兩旁飾與壺口齊平的圓筒形貫耳，腹扁碩，平底，淺圈足。胎為灰黃色，厚重，口緣及釉薄處露胎，釉略勻厚，器身布滿規整的深淺紋片。

月白葫蘆瓶，高 23.4 釐米，口徑 3.1 釐米，足徑 8.5 釐米。器仿葫蘆形，小圓口，下腹較大，平底，矮圈足。足底露黑色胎，胎骨厚重。月白色釉，釉面佈滿細碎開片，紋線顏色較深。釉內密佈大小一致的明亮氣泡。其造型模擬，色澤淡雅，觀之頓覺一股清新的氣息撲面而來。

粉青菊瓣碗，高 8 釐米，口徑 17.5 釐米，足徑 4.2 釐米。侈口，加鈴銅邊。深腹，壁作菊瓣狀凸起。小圈足。胎骨厚重，釉勻薄，唯口沿處較厚。器身密佈極細碎的白色紋片，器身外部的主紋略呈垂直走向。

官窯月白葫蘆瓶（南宋）

粉青葵瓣口洗，高 3.9 釐米，口徑 12 釐米，足徑 7.8 釐米。器作葵瓣形口，立壁略深，平底，器底凹入為一淺圈足，器心微凸。胎為灰黑色，薄胎薄釉，但釉質極腴潤。器身滿布色淺而不規則的細碎開片紋。器底有清乾隆皇帝書款："宣和陶器用功工巧，修內督之奄豎倫。設曰葵花喻忠赤，師誠輩豈果其人"

上述四器在《故宮宋瓷圖錄》中被列為南宋官窯器。

官窯粉青葵瓣口洗（南宋）

七、天下瓷都景德鎮

明清兩代，景德鎮發展成為全國的瓷業中心。那時候，"至精至美的瓷器，莫不出於景德鎮"。明、清兩朝歷代帝王所需的大量御用瓷器，極大部分都在這裡燒製。這些御用瓷器，有少數一直流傳到今天，現在大部分都收藏在北京故宮博物院的瓷器館中，也有不少在新中國成立前被運去臺灣。

1. 天下鹹稱景德鎮

景德鎮是江西省東北部的一個市鎮，地方不大，但名聲卻很響。不論古今中外，都知道景德鎮是個著名的瓷器產地。景德鎮在宋代以前叫作新平，又叫昌南鎮，到北宋真宗時，才改名為景德鎮。為什麼要改成景德鎮呢？其中有個典故。原來是這個地方生產的瓷器，博得了真宗皇帝的賞識，於是他就命令燒製一些御用瓷器，並要在瓷器底部寫上"景德年製"四字。景德是真宗的年號，從此以後，這個地方就改名為景德鎮，並一直沿用到現在。

幾百年來，景德鎮瓷器不僅暢銷全國各地，而且還遠銷海外。特別是明初鄭和七次下西洋以後，景德鎮瓷器大量地銷售到印度、埃及、日本以及東南亞、朝鮮半島、歐洲各國。18 世紀以前，歐洲一些國家還不能製造瓷器，所以中國瓷器初到那裡時引起了極大的轟動，他們對於中國瓷器的愛好達到著迷的程度，王公大臣爭相獲得一兩件中國瓷器，以此炫耀身份。新中國成立以後，景德鎮瓷器曾多次參加赴外展覽，博得了很高的評價，特別是鎮的傳統瓷器更受歡迎。幾十年來景德鎮瓷器的外銷與年俱增，換得不少外匯。

景德鎮的傳統瓷品種有青花、彩瓷、薄胎、雕鑲、仿古瓷以及各種顏色釉瓷器。對於這些傳統瓷品種，景德鎮已經累積了極為豐富的實踐經驗，在技術上和風格上都有很多獨到之處。下面就對這些主要傳統瓷品種做一簡單的介紹。

青花瓷是景德鎮的特色品種之一。它是一種釉下彩。彩在釉下，具有不易磨損和不易變色的特點，景德鎮的青花還具有樸素大方、端莊穩重、雅中有豔、華而不俗的風格。青花的主要著色劑是氧化鈷，但景德鎮歷來不採用工業氧化鈷，而是採用一種天然的鈷土礦作為著色劑。用工業氧化鈷畫成的青花藍中泛紫，給人的感覺是呆板單調、枯燥乏味。在鈷土礦中，除了氧化鈷以外，還含有氧化錳和氧化鐵等礦物。氧化錳和氧化鐵也都是著色劑，所以鈷土礦實際上是一種以氧化鈷為主，以氧化錳、氧化鐵等為輔的天然調配好的混合著色劑，它的色調是藍中泛綠，有時候還在藍色的基底中閃現具有金屬光澤的黑斑和黑點，給人的感覺是幽菁美觀、回味無窮，著色效果比工業氧化鈷要好得多。由於不同來源的鈷土礦成分各異，所以呈現的色調也不盡相同。明代的宣德青花和清代的康熙青花，色調差別很大，主要就是這個原因。景德鎮對鈷土礦的選用有嚴格的要求，在鈷土礦的加工——包括淘洗、揀選、研磨和煅燒等工序都有專門人員各司其職。在繪畫方面，由於充分掌握了青花色料的性能，所以雖在瓷坯上作畫，仍像在紙上作畫一樣得心應手，揮筆自如。在繪畫技法上還吸收了國畫的表現手法，運用不同色階的青花料來加以渲染，可以畫出許多層次，很像一幅畫在宣紙上的水墨畫，大大增強了青花瓷器的藝術效果。

青花瓷自宋元問世，明清兩代開始盛行以來，迄今已有近千年的歷史，但廣大人民群眾對它的喜愛一直沒有衰退。新中國成立後，景德鎮曾多次接受國家訂貨，燒造大量青花餐具、茶具和陳設瓷等，以供人民大會堂、中央各部門、各高級賓館、高級飯店和我駐外使

景德鎮青花纏枝獅紋罐（明晚期）

館使用。在出口瓷中,青花也佔相當大的比例。

除青花外,景德鎮的顏色釉瓷也是很有特色的。宋朝有人用"浮梁巧燒瓷,顏色比瓊玖"的優美詩句來讚美景德鎮的顏色釉瓷,可見當時的出品就已十分精美。景德鎮的顏色釉瓷有上百個品種,舉凡紅、青、綠、藍、紫、黃、黑等,色色齊備,真是五光十色,美不勝收。此外,還有釉面如冰裂一樣的碎紋釉和鐵銹花、茶葉末、鱔魚黃等結晶釉。這一類結晶釉也屬於顏色釉的範圍。這些顏色釉大都是我國歷代各地名窯分別創造的,而景德鎮又取其所長,集其大成,並加以發展、提高。

景德鎮的顏色釉瓷器不僅品種多,色彩豐富,而且造型優美,裝飾性強。產品的品種有花瓶、花插、魚缸等裝飾瓷,茶具、酒具、咖啡具、餐具、筆洗等日用瓷,它們的造型都別出心裁,各具一格,既古樸大方,又玲瓏精巧,給人以很強的藝術感受。

景德鎮的彩瓷曾經是明、清時代瓷器的主流,在我國陶瓷史上佔據重要的地位。彩瓷有釉上彩、釉下彩和鬥彩之分。景德鎮傳統的釉上彩又有五彩和粉彩兩種,五彩的特點是線條剛勁有力,色彩的對比性強,富有民間藝術的情調;粉彩是在五彩的基礎上發展而來的,它的特點是色彩柔和,富有中國畫的風格。鬥彩是在釉下彩瓷的基礎上,施加其他色調的釉上彩,即在同一瓷器上既有釉下彩,又有釉上彩。它的特點是層次分明,渲染力強。景德鎮的五彩、鬥彩和粉彩在國外是很受歡迎的。彩瓷是在白瓷上加彩而成。景德鎮的白瓷,其色調白裡泛青,比歐美和日本瓷器的白裡泛黃,更覺幽美。

景德鎮在製瓷技術方面有不少絕技,脫胎瓷器便是一例。這種脫胎瓷器薄如蛋殼、輕如羽毛,端在手裡輕飄飄的,唯恐一陣風來,把它吹跑;對光一照,手指影清晰可見。這種被稱為"疑非人間所作"的脫胎瓷,再配上精致的彩繪,就成了非常高級的工藝美術品,使人愛不釋手。製造脫胎瓷器難度很大,每道工序,特別是成形、上釉和燒成都需要十分高超的技巧,稍一疏忽,即成廢品。我國歷史上擅長這種技術的名家也是不多的。

景德鎮瓷的雕鑲技術也是很高的,舉凡瓜果蔬菜、魚蟹小品以及花籃、龍舟等,無不做得惟妙惟肖,栩栩如生。一個有經驗的老工人製作一隻大型的花籃,往往需要一年半載的時間。它和象牙雕刻一樣,也是一種高級的手工藝技術。

景德鎮仿古瓷也是一大特色。我國歷代名窯的產品，景德鎮都能仿製，如仿汝、仿哥、仿龍泉、仿鈞、仿官等，可以做到以假亂真的地步。這種仿古瓷暢銷港澳，不少外國友人來到中國，回去時都要買幾件中國仿古瓷回去，或者陳設家中，或者贈送他人。

瓷器是一種觀賞與實用相結合、藝術與技術相結合的工藝美術品，它既要求經濟實用，又要求外形美觀、富有藝術性。景德鎮的製瓷工人在充分掌握原料性能、成形工藝、燒成溫度、窯內氣氛和變形規律等一系列製瓷工藝技術的基礎上，把瓷器的造型、裝飾、胎釉色調、半透明性以及膨脹係數、強度等物理和

景德鎮仿古瓷

化學性能有機地結合起來，使之達到互相襯托、相得益彰的境地。和國內其他產瓷區以及歐美、日本等國瓷器比較起來，景德鎮瓷器無論在瓷質、胎釉色調、造型以及裝飾技法等方面，都有它自己獨特的風格和很深的造詣，這是景德鎮製瓷工人們一千多年來世代相傳的智慧的結晶，也是中國人民寶貴的文化遺產。

2. 瓷都的曲折歷程

景德鎮的陶瓷業是從什麼時候開始的？這個問題迄今尚無定論。據《浮梁縣誌》稱"新平治陶 始於漢世。"《江西通志》稱："鎮瓷自陳以來名天下。"根據以上記載，景德鎮的陶瓷業是從西元 1 世紀左右，即東漢時期開始的。經過三國和魏晉，到了西元 6 世紀南北朝時期的陳朝，景德鎮出產的瓷器已經頗具名聲了。到了西元 10 世紀的五代，景德鎮的瓷業已經相當發達。在景德鎮郊區石虎灣和楊梅亭一帶，迄今仍可看到很多古窯場的遺跡。新中國

成立後，考古工作者曾多次到這些地方進行發掘，發現在這一地區的山坡上、公路旁、田野裡，到處都是碎瓷片和匣缽、渣餅等窯具。經過考古工作者和陶瓷專業科技人員的分析研究和科學鑒定，證明那些碎片中有許多是五代燒造的，有些則是宋代燒造的。五代的碎瓷片有青瓷和白瓷二種，其中有些碎瓷片胎骨色白而堅，吸水率很低，釉也美觀，可見早在五代的時候，景德鎮的瓷器就已達到相當的水準了。但從全國來說，那時南方盛稱越窯，北方盛稱邢窯，景德鎮和它們相比還略輸一籌。

宋朝結束了五代的分裂局面，生產得到發展，景德鎮的瓷業也取得了頗大的成就。從出土文物看，在宋代景德鎮古窯址中的瓷器品種有青瓷和白瓷，還有著名的影青瓷（又稱"青白瓷"）。影青瓷是景德鎮在青瓷的基礎上加以發展提高而新創的品種。它的特點是瓷坯極薄，釉色白而隱現青色，坯體上雕著暗花，內外都可映見。古書上對傳說中的柴窯評價甚高，常用"青如天，明如鏡，薄如紙，聲如磬"這樣美好的詞句來描寫它。當然，這些字句從科學上來仔細推敲是誇大其詞的，但足以表達人們對這類瓷器的讚譽。這些詞句用來描寫影青瓷，也顯得很合適。影青是北宋中期燒造成功的，當時產量很大，遍行海內，頗負盛名。南宋時更是大量生產。新中國成立後，在全國各地，包括北方的遼金放都在內，都有影青瓷出土，在國外也屢有發現。當時景德鎮影青瓷產量之大和銷售範圍之廣，於此可見一斑。

宋代是我國製瓷業空前繁榮的時期，當時各地名窯迭出，在製瓷工藝方面，出現了不少新品種、新工藝和新的裝飾手段，這些新事物流傳到景德鎮，對景德鎮瓷業的提高和發展也起了相當大的作用。

13世紀，忽必烈滅了宋朝，建立元朝。元代景德鎮最大的成就是青花瓷逐步趨於成熟和釉裡紅的初步試燒成功。由於元朝疆域廣大，銷售量大大增加，元代景德鎮的製瓷規模比宋代更大。以上這些，為明清兩代景德鎮發展成為全國瓷業中心打下了良好的基礎。

景德鎮的瓷業，經過五代、宋和元這幾個時期好幾百年連續不斷的發展和提高，累積了極其豐富的經驗。到了明朝，景德鎮發展成為全國的瓷業中心，號稱"瓷都"。當時的景德鎮，煙囪林立，幾十裡外就可望見天空中黑煙繚繞，昌江中裝運瓷器的帆船來往不絕，呈現一片繁榮昌盛的景象，真所謂"有陶以來，於茲極盛"。清朝，人們在承襲前人光輝成就的基礎上，繼續不斷地把瓷器製作提到更高的水準。

明清兩代是景德鎮瓷業的全盛時代。無論在製瓷技術、品種、產量和品質，以及裝飾技術等各個方面都達到了登峰造極的地步。在製瓷技術上，不管工藝多麼複雜，製造多麼困難，只要是歷代名窯能夠製造的器件，景德鎮都能製造，並且還超過歷史水準，發展和創造了很多新工藝、新技術。其中有的被稱是"絕技"，例如體大、壁厚、量重的大型龍缸和薄如蛋殼、輕如羽毛的脫胎瓷器等，俱是罕見的珍品。

在品種方面，無論是盆碗杯盞、盤碟盂盅、瓶罐爐洗以及壺尊這類盛裝器具，還是瓜果蔬菜、魚蟹小品這類精工細作的瓷雕作品，景德鎮都有生產。其品種之多，可以說是應有盡有了。

在裝飾技術上，景德鎮也有不少極為重要的創新，主要有青花瓷、銅紅釉、釉裡紅以及五彩繽紛的彩瓷。這些新的裝飾技術在中國瓷器史上佔據極為重要的地位、並給後世留下深遠的影響。

景德鎮青花瓷的燒造技術在元代就已比較成熟，到明清兩代則更趨完美。當時在景德鎮，從御窯到一般的民窯，都大量燒造青花瓷器。就水準而論，以明代的永樂、宣德、嘉靖以及清代的康熙為最高，且幾個時期都各有自己的特點，在風格上也不盡相同。

銅紅釉是宋元兩代鈞窯首創。景德鎮在它的影響下在元代創造成功"釉裡紅"，"釉裡紅"是一種釉下彩，不是顏色釉。到明朝永樂年間，又創造成功"寶石紅"，以後又陸續創造成功"霽紅""豇豆紅"（又稱"桃花片"）和"郎窯紅"（又稱"牛血紅"）等珍貴品種。

明清時期的彩瓷，是中國瓷器史上的一顆明珠。在彩瓷沒有出現以前，白瓷的裝飾手段比較少，所以在宋以前，顏色釉比白瓷更為風行。宋元期間，出現了釉下青花和

景德鎮窯釉裡紅

釉裡紅，白瓷的裝飾手段就比較多了。到了明清兩代，釉上彩被創造了出來。人們把紅、黃、藍、綠、紫等各種色調的彩料，用毛筆在潔白明淨的白釉上畫出五彩繽紛的花卉、竹木、鳥獸、人物、山水、圖案、歷史故事等等，還可以寫詩題字，也可結合描金、刻花、印花等其他裝飾方法，這就極大豐富了白瓷的裝飾手段。從此，人們的愛好逐漸轉向彩瓷，顏色釉的應用就沒有過去那樣普遍了。過去以燒造青瓷而聞名於世的龍泉窯以及銅紅釉的發源地河南禹縣鈞窯，在明代以後就逐漸被淘汰，這無疑與景德鎮彩瓷的突起有相當大的關係。

彩瓷的突起，對白瓷提出了更高的要求，所以明、清時代景德鎮白瓷的品質也有很大的提高，真正達到了胎質堅實緻密、略呈半透明，釉色潔白純淨、瑩潤如脂，完全符合現代高級白瓷的品質指標。

清代的康熙、雍正、乾隆時期，是過去中國瓷業的全盛時期。但從鴉片戰爭開始，直到新中國成立前夕，作為中國瓷業中心的景德鎮一直受到很大打擊。

第五編　瓷器中的藝術精品

　　在我國的瓷器百花園裡，數千年來，經過無數製瓷工匠的辛勤灌溉和培植，從遙遠的原始社會新石器時代初期起，到唐、宋、元、明、清（前期）等各個不同的朝代，湧現出許多藝術精品。而稀世之珍大龍缸、巧奪天工薄胎碗、無價之寶"秘色瓷"、精美的中國白瓷、享譽世界的青花、鮮豔奪目的釉上彩瓷、稀世奇珍黑釉瓷更是精品中的精品。它們在歷史上大放異彩，曾令無數中外人士為之沉醉傾倒，也曾激發歷代文人墨客揮毫賦詩。

一、稀世之珍大龍缸

你到過十三陵嗎？那裡有著名的十三陵水庫，也有完整保存著的明代十三位封建皇帝的陵墓。1956 年定陵被第一個發掘出來以後，這一"地下宮殿"一直吸引著國內外絡繹不絕的參觀遊覽人群。當人們參觀規模宏大的定陵的時候，會看到在定陵宮殿的顯眼位置上，放著三個用漢白玉雕成的寶座。在寶座前，擺著三個彩繪青色雙龍的大瓷缸，這就是大龍缸。大龍缸僅僅是千百件精緻殉葬品中的一種，但已足以使我們瞭解我國人民的驚人智慧和高超技藝。

1. 童賓以身殉窯成龍缸

在定陵宮殿的顯眼位置上，放著三個用漢白玉雕成的寶座。在寶座前，擺著三個彩繪青色雙龍的大瓷缸，這就是大龍缸。缸內滿盛著油，油上放著燈芯，過去稱它作"長明燈"。封建皇帝不但在活著的時候過著極其腐朽的生活，死後還想把生前享受的東西帶到墳墓，靠"長明燈"使宮殿"長明"。他們以為瓷缸越大，便"明"得越"長"，因此就要求瓷缸越大越好。可是事實證明，這只是封建皇帝愚蠢的妄想。當龍缸裡的油還沒有燒掉多少的時候，地下宮殿內的氧氣已經耗盡，"長明燈"就短命地熄滅了。所以人們在地下宮殿可以看到，油還滿滿地保留在龍缸內。可是封建皇帝是不管瓷工死活的，他們拼命要求龍缸做得大了再大、好了更好。就在這種殘暴的壓榨下，景德鎮製瓷工匠費盡心血，終於造出了直徑 71 釐米，高 70 釐米，厚約

5 釐米的大龍缸，這是現存的龍缸中最大的一隻。龍缸的製造成功地反映了我國古代勞動人民的聰明才智，到目前為止，這種大型青花瓷缸還是世界獨一無二的珍品。

龍缸是什麼時候開始製造的，它的歷史又是怎樣的呢？最早的大龍缸是朱元璋時期（洪武二年，1369年），在景德鎮元珠山麓建窯燒成的。此後，明代每朝都有燒造，到了宣德期間（1426 年—1435 年）龍缸窯

定陵中的大龍缸（明）

發展到 32 座。清順治十一年（1654 年），奉旨燒造的龍缸直徑達 116 釐米左右，壁厚 10 釐米，底厚約 16 釐米，高約 82.5 釐米，但燒了三年都失敗了。直到雍正年間（1723 年—1735 年）這樣大的龍缸才又燒造成功。到了清末，由於腐朽的清政府貪婪的壓榨，弄得瓷工無法生活下去，就連燒造龍缸的窯也幾乎絕跡了。直到新中國成立後，大型瓷缸的燒造才又獲得新生。

人們在定陵看到的 3 個大龍缸並不是被葬者明神宗朱翊鈞時期（1573 年—1620 年）燒造的，而是他祖父明世宗朱厚熜（嘉靖）時期的產品，那麼為什麼不用萬曆年間的製品呢？原因是憤怒的瓷工造了他的反。

當時，明代從嘉靖到萬曆三朝皇帝對瓷器的要求已經多到令人難以置信的地步。據記載，嘉靖三十七年（1558 年）朱厚熜一次就要瓷器三萬件；隆慶五年（1571 年）明穆宗朱載垕變本加厲，一次竟要瓷器達十萬五千件；而朱翊鈞比他的祖父、父親更貪婪，僅萬曆十九年（1591 年）就要瓷器達二十三萬九千餘件。明代的統治者把燒造這樣巨額瓷器的負擔，沉重地壓在景德鎮勞動人民頭上。就拿龍缸為例，雍正八年（1730 年），當時在景德鎮專管窯務的官員唐英在該鎮僧寺牆隅下，發現一隻明代萬曆年間落選的脫底青花缸，"缸徑三尺（1 米），高二足強（約 70 釐米），環以青龍四，下作潮水紋"。以這段記載與定陵出土的龍缸比較，說明朱翊鈞要的瓷缸比他祖父時期做的尺寸大得多。為此，在萬曆二十七年（1599 年）朱翊鈞特意派了稅監潘相到景德鎮督理窯務，對製瓷工人現場監督。由於龍缸體積太大，封建帝皇又要求嚴格的格式，

童賓塑像

差一點都不行，因此雖然工匠辛勤努力，但還是久久不能燒成。殘暴的皇帝走狗潘相鞭打工匠，逼著工匠餓著肚子幹活，弄得工匠面黃肌瘦喪失勞力，甚至逼得窯工童賓跳入燒得通紅的龍缸窯內。

童賓本是一位普通的窯工，他幼年讀書，聰慧過人而秉性剛直，父母早喪故投師學藝。童賓13歲就能獨自看窯火，因他身懷絕技所以被招進御窯廠為皇家燒瓷。在很短的時間內，他就成為名氣遠揚的把樁師傅了。然而，即使是這樣一位富有經驗的窯工，面臨此種危情，也只能眼睜睜地看著同伴們的性命即將不保而束手無策，滿腔悲愴。他叫天不應呼地不語，每每夜宿窯外卻難以成寐。對於他跳窯的初衷，民間還流傳著諸多版本，或有人說他從民間傳說中得到某種啟發，決心變傳說為現實，用自己的身體做一次試驗；或有人說，他根據自己多年的製瓷經驗，有了新的奇麗瑰美的臆想；或有人說，他決心以自己的血肉之軀驚動天地感化鬼神。不管怎樣，童賓最終做出了一個慘烈的決定——在製瓷到了最緊要的關頭，他對天連拜三次，隨後長嘯一聲，便投進了熊熊窯火之中……

童賓以身殉窯，窯工們無不悲憤萬分，下定決心要燒好窯內的龍缸，以示對童賓的悼念。等到第二天開窯，所燒煉的青花龍缸居然奇跡般地成功了！確實可謂稀世珍品，萬里無雲、白如明玉、青龍飛騰、呼之欲出。龍缸的成功燒製不能不說是瓷器燒製史上的重大成就，但童賓之死最終也激起了窯工們的義憤，全鎮工匠合力燒毀了稅署和官窯廠房，隨後又浩浩蕩蕩地向欽差官邸挺進。這可嚇壞了稅監潘相，他慌不擇路，狼狽地逃跑了。由於瓷工的強烈反抗，朱翊鈞死後無法搜得尺寸更大的大龍缸，只好用他祖父年代燒造的剩貨陪葬。

童賓的故事不僅控訴了封建統治者的殘酷，同時也說明了當時製造大龍缸的艱難。勞動人民為了製成大龍缸不知克服了多少工藝難關、付出了多少代價，偌大的龍缸，全是由製瓷工匠們的心血結成的。

2. 製瓷工匠的驚人創造

要製成象龍缸這樣大的瓷製品，在技術上有三大難關。首先是如何突破成型關。要形成直徑 80～100 釐米、高約 80 釐米、厚 8～10 釐米的大型龍缸素坯。在沒有電動機和蒸汽機的古代是很不容易的。在人工傳動的轆轤車的旋盤上放這樣一個二百多斤重的大傢伙，轆轤是轉不動的，怎麼辦呢？製瓷工匠採取分段製作的辦法。他們根據龍缸體形，很巧妙地採用了按比例分段拉坯成形的辦法。就是說，將整個龍缸分成 3～5 段，分別由兩個成型工人面對面一邊轉一邊成型。

待龍缸一段段黏結起來後，再進行修坯。這樣做，既克服了成型困難，又有效地保證了瓷坯厚度，防止了燒成過程中因厚度不均而發生開裂。這種成型工藝為以後大型瓷件的成型打下了基礎。到目前為止，有不少地方仍採用著這種辦法生產大尺寸的瓷製品。

龍缸素坯成型後，接著就要突破乾燥關。由於缸體大，厚度厚（有 8～10 釐米），乾燥要嚴格掌握。做好的素坯往往表層先乾燥收縮大而快，而裡面仍舊濕的收縮小而慢，這樣就會產生很大的內應力，素坯的強度有限，弄不

青花龍紋大缸（明）

好就非常容易開裂。這個困難怎麼克服呢？工匠們通過大量實踐總結出乾燥溫度一般要在 15℃左右。在沒有空氣調節器的年代，必須利用天時，夏季氣溫太高，表面乾得太快易開裂，冬季氣溫太低，乾燥太慢，尤其冰凍就更不行了。因此往往選擇在春秋季節燒造龍缸。除了控制乾燥溫度以外，工匠們還要給每只缸坯加上一個磚罩（五面磚牆、底下鋪木板，放在沙上）。這樣，就可以使大素坯很均勻地從裡到外慢慢乾燥，不致開裂。素坯乾燥後，經過畫工用精選、研細的含氧化鈷的著色劑精心繪畫，並嚴格控製釉料濃度，把釉漿均勻地澆在缸體上以後，最後就是要突破最難控制的燒成關。

要燒大瓷件，首先碰到的是裝匣缽與裝窯的困難。匣缽一般用粗顆粒耐火材料製成，像一個帶蓋的圓柄，龍缸素坯裝在裡面，可以避免生坯與火焰直接接觸和防止煙塵玷污，保持坯件表面光潔。在古代沒有滾珠軸承和起重設備的情況下，完全靠人工把二三百斤重而且強度很低的素坯穩穩當當地送進窯內，而且坯體必須在匣缽內放得很平穩，否則在燒成過程中就會由於自重而發生變形，這本身就是一件非常不簡單的事情。進窯後，在燒製過程中更要嚴格掌握火度，這是燒成的關鍵。因製品又大又厚，升溫過快會引起表面先熟，瓷缸表面收縮大大超過中心收縮，致使製品爆裂。另外，由於瓷坯抗熱震性能較差，降溫過快也易爆裂。朱翊鈞時大龍缸久久未能燒成的主要原因之一，就是沒有掌握好升溫和降溫速率，致使坯體在燒成過程中不斷爆裂。但升、降溫速率也不宜過慢，否則燒製過程容易拖得很長。

燒製一個龍缸要幾天，在這麼長的時間裡要始終把火候控制得恰到好處，在那個年代是有很大困難的。首先是怎樣測溫度，現在有熱電偶、火焰光度計等測溫儀器。但古代是沒有的，製瓷工匠既要知道什麼時候是低溫排除水分階段，什麼時候是高溫燒成階段和保溫階段，什麼時候應開始冷卻。隨時調整、嚴格控制窯內溫度，全憑自己豐富的經驗。"窯眼以驗生熟"，

龍缸窯發掘現場

就是關於製瓷工匠判定瓷器是否燒熟的手段的記載。所謂"窯眼",就是指裝在窯的正面上部的兩個匣缽,從這兩個匣缽變紅的程度,可以判定窯內溫度的高低,所以叫它窯眼。同時,工匠還有一個測溫的土辦法。他們從煙筒前的一個洞孔裡將痰吐入窯內的火磚上,看它消失的狀態和時間,據此來判定窯內溫度。除了正確控制溫度外,還必須嚴格掌握窯內溫度分佈的均勻性,因瓷缸體積大,如果一面溫度高,一面溫度低,就會造成一面熟一面生,甚至發生爆裂。因此對窯爐的設計,就比普通的要有所改進。因此,明代創造了專門燒製大龍缸的窯,起名叫"龍缸窯"。

另外,燒柴也必須恰到好處。掌握燒柴技術並不是一件小事,它不但能控制爐溫的高低和分佈,而且能控制窯內氣氛。青花龍缸上的釉是透明微帶青色的白釉,這必須在含一氧化碳的還原氣氛中燒成,讓釉中的少量氧化鐵變成氧化亞鐵,使白釉微泛淡青色。如果某一部位氣氛掌握不好,釉就變成黃色,影響青花瓷器的色澤美觀和藝術效果。

二、巧奪天工薄胎碗

在明代，我們的祖先在製造出大龍缸的同時，還製成了一種既小又薄且輕的薄胎碗，這是我國製瓷業的一個了不起的創造。製作得好的薄胎碗，從口沿、碗心到底足，厚薄一致；映著光看，就像萬里無雲的晴空那樣勻亮、明淨，上下一色通體透亮。古人有兩句詩句描寫："只恐風吹去，還愁日炙銷。"這樣的形容的確惟妙惟肖。

1. 彌足珍貴的薄胎瓷器

在《瓷器的秘密》一書中曾有一段這樣描述：900多年前，羅馬教皇統領十字軍從西歐遠侵地中海彼岸的巴勒斯坦，並佔領了耶路撒冷。當十字軍一踏上異邦，他們每天都發現一些聞所未聞，見所未見的事情。有一天，一群十字軍在市場上被一整套中國白色瓷餐具吸引住了，這些餐具又白又亮，輕輕一叩，就會發出金屬般響亮的聲音。當商人拿出一隻像雞蛋殼一樣薄的白瓷碗放在地毯上的時候，侵略軍的驚訝得說不出話來了。瓷碗非常精緻，幾乎是透明的，而且碗面上還畫著一隻雄壯的長尾巴的公雞。這件珍貴的藝術品令十字軍饞涎欲滴……

這一段精彩的文字，雖然在產品的描述上有一些誇張，在時間上也有一些出入，但也從一個側面說明，當時我國遠銷國外的薄胎瓷器，給人們留下多少深刻的印象。

那麼這樣精美的製品是怎樣產生和發展起來的呢？把陶瓷製作成薄胎，

並形成一整套精巧的薄胎工藝的曆史可以上溯到距今四五千年的新石器時代晚期。在原始社會裡，我們的祖先已能製出為今人所驚訝的胎薄如蛋殼的陶器。例如，在湖北京山出土的"屈家嶺文化"中的"蛋殼彩陶"和"龍山文化"中的"蛋殼黑陶"。

這些實物在北京已有展出。這種用陶輪製作的無釉陶器，器形規整，厚度只有1~1.5毫米，口沿最薄的地方只有0.5毫米，可稱得上是薄胎器的始祖。到了北宋，景德鎮大量燒造的影青瓷器，瓷化程度高，有些製品已達到滋潤透影，薄而輕巧，以質薄膩、"體薄而潤"見稱。以往被人稱讚為"青如天，明如鏡，薄如紙，聲如磬"的柴窯產品，可能就是指景德鎮的薄胎影青瓷。元以後，景德鎮集全國製瓷技藝之大成，逐漸發展成為全國瓷業中心，到明代則是製瓷名手輩出，分工細緻，達到"過手七十二，方克成器"的程度。在定陵出土的配有金製碗托、碗蓋的薄胎青花碗，雖不大，卻非常輕巧秀麗，胎薄如紙，晶瑩光潤，與青花相映，異常美麗。薄胎瓷器是景德鎮膾炙人口，譽滿中外的傳統產品之一。

"屈家嶺文化"的彩陶蛋殼杯（新石器時代）

據記載，永樂窯出品的乳白脫胎器和萬曆年間"吳十九"所製的卵幕杯，薄如蟬翼，"映著光可以照見指紋""純乎見釉，幾乎不見胎骨"。這種描述雖不免有些過，但從可靠的傳世品中看到，做得最薄而精緻的薄胎瓷器，厚度只有0.5毫米。清代康熙、雍正時期出品的白釉瓷器，已經做到"真脫胎"的程度。故宮博物院所藏雍正款琺瑯新梅花盞、雍正款粉彩花蝶折腰盤和粉彩花卉盤，都是這方面的代表作品。

薄胎瓷的器形，除碗、杯、盤、

雍正款琺瑯新梅花盞（清）

碟、盅之外，還有各種花瓶、文具、魚缸、皮燈等，品種繁多。最小的薄胎瓶，只有筆桿粗細，兩個指節高。薄胎碗是薄胎瓷中最具有代表性的品種。這一類薄胎器，已經失去了碗、杯等原來的使用價值，卻和許多特殊的工藝美術品一樣，被賦予了更高的藝術價值。它僅借助於碗、盤、瓶、扇的形式，表現了中國勞動人民巧奪天工的手藝和驚人的智慧，並且也反映了勞動人民戰勝困難的頑強毅力和改造自然的堅強信心。據記載，清初有人買得明代成化窯出品的脫胎極薄白碗三隻，竟花了一百二十兩白銀。清初郎窯製的脫胎瓷器也要"百金一器"，足見薄胎瓷器歷來是多麼珍貴！

2. 鬼斧神工的高超技藝

如此貴重精緻的薄胎瓷器是怎麼製成的呢？五六百年前法國有一位作家叫潘西羅，他自作聰明地寫道："這種瓷器只是由雞蛋殼和搗碎的貝殼做成……"。從碗的薄，他想到了雞蛋殼；從碗光亮細密，他想到了貝殼……真是天真得可笑。實際上要製作這類薄胎瓷遠不是潘西羅想得那麼簡單。薄胎瓷器的製造，從配料、拉坯、修坯、上釉到裝匣燒成都必須掌握一整套高超的技術和嚴格的工藝。尤其對於脫胎瓷器，要求更高。薄胎工藝已經從一般製瓷工藝中分離出來，並建立了一整套獨特的工藝規範。

製造薄胎瓷器，首先是準備原料，原料配方並不是潘西羅所說的那樣，而是必須選擇耐火度高、收縮率小的瓷土。如果原料耐火度不高，收縮率大，厚僅 0.5 毫米甚至還要薄的瓷器就容易在燒成過程中變形或燒塌。所以薄胎原料中高嶺土成分要比一般瓷器多。

原料還必須經過嚴格漂洗精煉，把粗顆粒去掉，否則顆粒大小相差很大容易產生氣孔，以致減少了瓷器的透明感。在薄胎瓷器一整套的製作工藝程式中，最艱難細緻和最重要的一環是修坯。薄胎修坯一般要經過粗修、細修定形，粘接，再修去接頭上的餘泥並修整外形，蕩釉，最後精修成坯等繁複的過程。坯體在轆轤車上要取下裝上反覆近百次之多，才能將一二毫米厚的粗坯，修到蛋殼一樣的厚度。在古代沒有"遊標卡尺"，也沒有"百分表"這些精確的測厚量具，怎樣掌握薄坯的精確厚度呢？在粗修時，製瓷工匠一般憑手指彈扣的聲音來判斷坯的厚度，可是到精修時厚度只有1毫米左右，泥坯可想而知有多松脆和嬌弱，哪裡經得起手指的彈扣？

富有實踐經驗的修坯工人用十分簡便的方法，巧妙地解決了這一矛盾。他們利用乾坯吸水這一特性，創造了一種適用於薄胎的"走水驗坯法"，從滲水的程度來判斷坯體的厚薄與均勻度。依據水痕深淺所顯示出來的厚薄，掌握下刀的分寸。這就像中醫從把握脈象的沉浮、滑澀來判斷疾病一樣，不容有絲毫的疏忽。在修坯的關鍵時刻，真是爭勝負於一絲一毫之間，決成敗於一刀一息之上；少一刀則嫌過厚，多一刀則坯破器廢，一個大的喘息都會導致前功盡棄。沒有熟練精湛的技巧和十分專注、充沛的精力是不行的。有沒有信心和毅力去爭取這關鍵性的最後一刀的勝利，是能否取得成功的關鍵。

景德鎮的薄胎碗舉世聞名

在燒製過程中，製瓷工匠也要有高超的技巧，例如薄胎碗中有一種奇妙的製品——八角薄胎碗。這種規整的圓形薄胎碗，到口沿處自然地轉變成為對稱的正八角形。這個巧妙的轉變，是在窯室中，由1300°的高溫這雙無形的手來完成的。坯體在高溫中軟化、收縮，形成了碗口從圓形到八角形的變化。坯體的軟化和收縮往往被認為是薄胎器燒製過程中的不利因素，卻被我國勞動人民巧妙地加以利用，成為一種意想不到的特殊造型手段了。同一原理還被用來製作荷葉口和橢圓頸的薄胎瓶。這些製品曾被外國朋友稱之為"只有天上才有的東西"。薄胎瓷器的成就同大龍缸相比，從精細方面顯示了我國勞動人民的智慧和工藝技巧，它和大龍缸在工藝技術上是兩個極端，都表現了偉大的創造力！

三、無價之寶"秘色瓷"

在故宮博物院陶瓷館二樓展廳內，靜靜地站立著一尊美輪美奐、如冰似玉的瓷器——八棱淨水瓶。與旁邊眾多彩瓷相比，它沒有任何紋飾的妝點，顯得那樣超凡脫俗、與眾不同，在梵音嫋繞間猶如出水芙蓉，獨自綻放著美麗。它，就是讓世界為之驚呼，被後世奉為無價之寶的"秘色瓷"！

1. 法門寺地宮的發現

想揭開"秘色瓷"神秘的面紗，我們必須將鏡頭重播到 20 多年前那個風雨交加的傍晚。1987 年，中國西部的陝西省扶風縣，在龜裂的土地上期盼雨水的人們終於在一片焦渴中等來了上天的恩澤，連綿的幾場大雨給這些靠天吃飯的人們帶來了莫大的希望，但命運多舛的人們在感受這希望的同時，也在大地的震顫中度過了一個個驚恐的夜晚。

在中國最大的佛教寺院——法門寺內，鬚髮皆白的老方丈，正在步履蹣跚地指揮著弟子們修葺千瘡百孔的院牆，持續的餘震令寺內原本脆弱的院牆再也無力支撐，轟然倒塌了。眾僧忙碌間，忽聽耳邊一聲巨響，人們慌忙循聲而去，瞬間便被眼前的景象驚呆了——沖天的塵埃中，供奉著佛祖釋迦牟尼真身舍利的寶塔竟從中軸劈開，其中的一半徹底損毀了！寶塔坍塌，大凶！見多識廣的方丈面如土色，體如篩糠。對於考古工作者而言，這無疑是一個揭開秘密的絕好機會。史籍中早就記載了法門寺有地宮，裡面藏有釋迦牟尼的一節指骨舍利和大批珍寶，這個記載是真實的嗎？懸疑即將揭開！

西安法門寺

　　深夜，急促的電話鈴聲驚醒了陝西考古所內所有的工作人員："什麼？法門寺地宮出現了！" 2月27日，考古人員正式對塔基進行發掘。4月2日上午，發掘取得了重大進展：人們清理完塔基下的埋土後，一塊一米見方的大理石蓋赫然顯露出來。隱藏在寶塔下的大理石蓋，會是地宮的入口嗎？眾人小心翼翼地將石蓋掀開一條縫，借著光線向裡觀望……

　　發掘還在繼續，在地宮第二道石門前，橫臥著兩塊石碑，其中一塊記載的是印度阿育王將佛骨舍利贈送給法門寺及被供養的史實，而另一塊碑文上則記載了地宮所藏寶物的清單。在昏黃的燈光下，"瓷秘色"三個大字赫然映入考古人員的眼簾，這三個字讓考古人員心中充滿了巨大的驚喜，他們按捺住激動的心情繼續看下去，"瓷秘色碗七口……瓷秘色盤子碟子共六枚。"隨著進一步的發掘，出現了一個用絲綢包裹著的木質圓盤——年代的久遠已經使木盤和絲綢完全腐朽，在它的左下方，露出了一疊細膩精緻的淡粉綠色瓷器，清點之後，正好13件！

　　另外，在連接前室與中室的甬道處，考古人員還發現了一隻八棱淨水瓶，就是本文所提到的那件擺放於故宮博物院內的瓷器，它通高22釐米，圓口長頸，鼓腹圈足，頸底部飾三周臺階形八方玄紋，肩腹部豎向凸飾八條棱線。發現之初，八棱淨水瓶被陳放於地宮後室第四道門內側的門檻上，"瓶內裝有佛教五彩寶29顆，口上置一顆大的水晶寶珠覆蓋"。據法門寺博物館館長韓金科考證，"這件瓶子在佛教密宗拜佛的曼荼羅壇場中是有特殊用途的"。這一用途決定了它不能與別的秘色瓷放在一起，故沒有被納入地宮"衣物賬"內。然而，這尊瓷瓶雖然沒有同其他 13 件碗盤放在一起，但其質地、釉色卻與地宮內的其他秘色瓷如出一轍，更為關鍵的是，瓶底有一圈點狀的支燒痕跡，據此判斷，它應該同樣是秘色瓷。也就是說，法門寺地宮內出土的秘色瓷，不是 13 件，而是 14 件！

也正是這件最後被發現的八棱淨水瓶，成了學術界破解謎團的鐵證——在浙江上林湖越窯遺址中，人們也曾經找到過這樣的淨水瓶，經過對比發現，相距千里的兩個瓷瓶竟有著驚人的相似！八棱淨水瓶較之於另外 13 件秘色瓷，其釉色更加明亮，玻化程度更高，所以上海博物館研究員認為："法門寺八棱瓶是所有秘色瓷中最精彩也是最具典型性的作品之一，造型規整，釉色清亮，其製作達到了唐代青瓷的最高水準。"

秘色八棱淨水瓶（唐）

2. 揭開"秘色瓷"的面紗

在地宮發掘之前，秘色瓷在今人眼裡一直是個謎。"秘色"似應指少見的顏色，是當時讚譽越窯瓷器釉色之美而演變成形容越窯釉色的專有名稱。而"秘色瓷"一名最早見於唐代著名詩人陸龜蒙的《秘色越器》詩，詩中"九秋風露越窯開，奪得千峰翠色來，好向中宵盛沆瀣，共嵇中散鬥遺杯"。五代徐寅也曾讚歎曰："捩翠融青瑞色新，陶成先得貢吾君。巧剜明月染春水，輕旋薄冰盛綠雲。"從詩詞中，人們知道它是皇家專用之物，而詩歌、文獻的描寫越是優美，就越引得人們去考證、猜想、揣測，以致出現了各種版本的說法。而秘色瓷究竟"秘"在何處呢？

直到本次法門寺地宮的偶然發現，考古工作者才最終明確了"秘色"究竟為何種色彩。根據文獻記載，秘色瓷的產地為浙江，屬於越窯系，而越窯是中國最古老的瓷窯之一，創燒於東漢，三國、兩晉、南北朝時發展最為迅速，余姚、蕭山、上虞、臨海、寧波、奉化、紹興、余杭、湖州等地都發現了瓷窯遺址。瑩潤的越窯備受文人雅士推崇，有"類玉""類冰"及"千峰翠色"的讚譽。從晚唐起，余姚縣上林湖窯產品因質地超眾被朝廷選為貢瓷，並置官監燒。

銀棱平脫秘色瓷碗（唐）

此後，品質愈發精良的貢品又獲得了一個千古絕唱的"秘色瓷"稱謂。所以，秘色瓷自唐代開始燒造，至五代時期逐漸達到高峰。

　　法門寺地宮出土的14件瓷器應屬於浙江上林湖產物，其造型精巧端莊，胎壁薄而均勻，特別是湖水般淡黃綠色的瓷釉，玲瓏得像冰，剔透得如玉，勻淨幽雅得令人陶醉。相傳五代時吳越國王錢鏐命令燒造瓷器以供錢氏宮廷專用，同時入貢中原朝廷，而庶民則不得使用，故稱越窯瓷為"秘色瓷"。南宋周輝在《清波雜誌》中云："越上秘色器，錢氏有國日，供奉之物，不得臣下用，故曰秘色。"當然，對於這一觀點，趙麟《侯鯖錄》、趙彥衛《雲麓漫鈔》、曾梃的《高齋漫錄》以及嘉泰《會稽志》等書都曾提出過異議，認為"秘色"唐代已有而非始於吳越錢氏。法門寺出土的這批"秘色瓷"除兩件為青黃色外，其餘釉面青碧，晶瑩潤澤，有如湖面一般清澈碧綠。而原本產自浙江上林湖的秘色瓷，之所以驚現法門寺地宮，則可能是因為它曾被作為貢品入貢中原，並被唐代帝皇作為供養佛祖舍利的寶器而置放於地宮之內，這也在另一個層面上證明了它的珍貴。

　　秘色瓷神秘的面紗終被揭開。專家們如夢方醒：原來秘色瓷我們並不陌生，它其實就是越窯青瓷中的極品，只是從前無緣相識罷了。這類八棱淨水瓶，在陝西的唐墓裡出土過，故宮的學者們在越窯的遺址上採集到過；而杭州吳越國錢氏墓群裡，出土的秘色瓷器型更豐富精美，釉色更清幽寧靜。此前秘色瓷之所以被抬到近乎神秘的地位，則主要是因為燒造技術上難度極高。

　　因為青瓷的呈色，除了釉料配方外，幾乎全靠窯工對窯爐火候的把握，需要長期的經驗積累，並無章法可循。猶如鈞窯瓷器一樣"入窯一色，出窯

蓮紋秘色瓷蓋罐（唐）

千色"——不同的火候、氣氛可以導致釉色千差萬別。所以,要想使釉色青翠、勻淨,並且穩定地燒出同樣的釉色,則窯工的燒造技術一定是精湛的。同時,從配方、製坯、上釉到燒造,整個工藝也都是秘不外傳的,此"秘"一也;秘色瓷在晚唐燒製成功後,五代錢氏吳越國就把燒造秘色瓷的窯口劃歸官辦,專燒貢瓷,其性質類似於明清時期的官窯。這樣一來,自然會"臣庶不得使用",它遠離了百姓,高高在上,其"秘"二也;它的名稱,既不隨大流稱之為青瓷,也不像宋代那樣,取些豆青、梅子青一類形象的叫法,卻獨獨用了一個"秘"字,著實逗弄得後人傷了上千年的腦筋,其"秘"三也。

　　細細想來,這個"秘"字包含了多少實與虛,這樣極富深意的名稱,恐怕只有浸泡在詩歌的海洋裡聰明的唐代人才能琢磨出來吧！細細品來,這個"秘"字又令考古界、學術界、收藏界的諸位專家學者幾度揣摩,日夜冥思,其間甘苦,如魚飲水,只有深入其中的人才能體會。

四、精美的中國白瓷

福建省德化窯是一處頗負盛名的地方窯場。該窯以生產優質而風格獨特的白瓷聞名古今中外。從宋代、元代發展到明清時代，特別是明代的白瓷是我國古代瓷器中具有代表性的品種。德化窯以其獨具風格的白瓷而盛極一時，其產品遠銷海內外，深受人們的喜愛。德化窯白瓷在國外被譽為"國際瓷壇上的明珠""獨一無二的藝術精品"。

1. 活靈活現的"中國白"

德化窯是宋到明清時期的一處民間窯場。窯址在福建德化縣。始燒於宋代，明代為極盛時期。以低鋁高矽的"象牙白"為特點聞名於世。1954年，經調查和發掘的窯址有屈鬥宮、祖龍宮、後窯、十排嶺等30餘處。其中清理後的屈鬥宮窯址已復原保存。

德化窯在宋代主要燒製影青瓷和建窯系統的黑釉盞。在建窯的盛名之下，德化窯顯得默默無聞。但這時德化窯的瓷器已具備了色白質堅、釉汁溫潤、造型精美、裝飾簡樸的特點。元代時德化窯開始生產純白釉瓷器，從這時起，德化窯開始具有自己獨特的特色。

明代至清代初年，德化窯雖也燒造少量青花瓷器，但其產品主要是以純白瓷而著稱。宋代瓷胎原料中氧化鐵的含量是0.57%，明代則降為0.35%。宋代瓷釉氧化鐵含量是0.29%，明代則高達0.59%。因此，宋代的瓷胎緻密有少數氣孔，而明代的胎堅致，無氣孔，燒成溫度達1200℃±30℃，用較強的還原焰燒成。而且在造型方面，塑造的菩薩、羅漢、達摩等，均性格突出，動靜分明；在衣飾和手勢的處理上，更是獨具匠心。其他如仿古銅器和簫笛一類的瓷製樂器，也十分精美。

德化窯的特色，在釉色方面以白釉為主。但它的白與景德鎮窯的出品不同。景德鎮窯的白釉為青白，而德化窯則為"乳白"又稱"象牙白"也稱"豬油白"，流傳到歐洲，法國人稱之為"中國白"。它作為中國白瓷的代表，頗受國外人士讚揚，享有"東方藝術"之譽。

上海博物館所藏的一件萬曆德化窯千手觀音像，是代表作之一。像高22.4釐米，分上、下兩段分別塑製。上段觀音結跏趺坐於蓮花上，雙目微合，直鼻小口，面容秀美，正身雙手合十，神情肅穆，另有十六隻手臂自背部伸出，上下展開宛若背光，手內各執火焰、靈芝、桃宴等物，肩部披巾，垂至腰際。下段為座，刻有海水，水面一龍昂首注目觀音，左右各有神像，捧笏侍立，背部有印章一方，似是塑像藝人的姓名，惜模糊莫辨。這件千手觀音是密室造像，造型優美，釉色純淨，瑩潤如玉，十分素淨淡雅。

天津市藝術博物館收藏的一件觀音像也形神俱佳，是德化窯白瓷佛像的精品。這尊觀音稱為"白衣觀音"。在佛教中，觀音菩薩具有無邊法力。她經常變幻不同的法相，穿戴不同的服飾，做出不同的姿態，處在不同的環境中普度眾生，有"三十三觀音"之別。白衣觀音是其中之一，也是佛教美術中最常見的觀音形象。瓷塑觀音像高20.9釐米，身披白衣，坐在岩石上，左肘撐著岩石，雙臂相抱，上身略傾向左方，頭微俯著閉目凝思。面龐豐滿秀潤，五官小巧玲瓏。低垂的眼瞼背後，藏著一雙聰慧而慈祥的眼睛。她十分安詳，神態像一位年輕慈愛的母親，在經過一天操勞，哄睡了嬰兒之後，恬靜地倚在床邊打盹，嘴角含著甜意和警覺。因為她還不敢熟睡，隨時注意孩子有什麼輕微的響動。敞開的胸襟，似乎準備著滿足還不知饜飽的小生命。佛像充分

福建德化窯觀音像（明）

表現出觀音性情溫柔，品格賢淑，心地善良，德操聖潔。像背部有"何朝宗"葫蘆形圖章款，值得一提。傳說德化窯白瓷以嘉靖萬曆年的瓷工何朝宗所製瓷像最佳，尤善塑觀音像，稱其"通靜慈祥、神態端莊"，深受人們喜愛，從這件觀音像上看此說甚是。

故宮博物院藏有一件明德化窯白瓷達摩渡海像。這件瓷像亦出自何朝宗之手。像高 43 釐米，額高顴廣，深目高鼻，卷鬚無發，雙手拱侍，袈裟隨風飄動，足踏洶湧澎湃的海水，雙目凝視前方，炯炯有神，極為生動傳神。背後有陰文"何朝宗"三

德化窯白瓷達摩渡海像（明）

字章款。釉色潔白而晶瑩，是何朝宗所製的傳世傑作。達摩為印度高僧，中國禪宗的開山鼻祖。傳說他曾乘一片蘆葉，渡海來傳禪法。該像就是據此製作的。

除何朝宗外，據稱張壽山也是一位製瓷高手。廣東博物館收藏的一件德化窯白瓷羅漢立像就是出自張壽山之手。該像高 23 釐米，羅漢光頭大耳，笑容可掬，袒胸露腹，一副大腹便便的詼諧模樣。他足踏蓮花，袈裟隨風而舞，左肩上放有幾卷經書，右手握系書之繩。像背部正中拎一葫蘆形陽文篆書印"張壽山"，因此知道是張壽山所製。整個瓷像形神兼備，栩栩如生。

2. 白瓷發展的悠久歷史

白瓷是我國古瓷中歷史比較悠久的一類瓷器，距今已有一千多年的歷史了，推測隋代以前已有白瓷。隋代由於結束了南北朝的分裂局面，社會經濟得以恢復和發展，白瓷也得以迅速的發展。最近幾十年來，各地出土很多隋代白瓷。陝西省西安隋大業年間的墓葬中就出土了好多批，而河南安陽開皇十五年（595 年）張盛墓出土的白瓷，釉色已經達到了白淨瑩潤的程度。但

是不論從數量還是品質上說，白瓷的大發展都是在我國封建社會繁榮時期的唐代。著名的邢、越兩窯就是這時期生產瓷器的主要窯場。邢窯生產白瓷，越窯生產青瓷，可謂青白瓷器平分秋色。邢窯處於河北省邢臺附近，在唐代稱為邢州。邢窯白瓷重造型，極少紋飾，釉白而潤澤，有時微微閃黃，帶一點乳白色。古人說"內邱白瓷甌，端溪紫石硯，天下無貴賤通用之"，內邱就是指邢州。唐人的記述，充分說明邢窯白瓷已大量生產，並且使用範圍甚廣。

唐代除邢窯燒造白瓷外，還有四川大邑窯，唐代大詩人杜甫有一首讚美大邑白瓷的詩："大邑燒瓷輕且堅，扣如哀玉錦城傳。君家白碗勝霜雪，急送茅齋也可憐。"他說的是大邑生產的白瓷，胎薄而且燒結得很好，因此就顯得既輕又堅，敲上去的聲音像扣美玉一樣悅耳，甚至說這種錚錚之聲可傳遍整個成都城（即錦城），那當然是詩人的誇張之筆了。非但如此，杜甫又形容這種瓷器的色澤比霜和雪更潔白。可以想像，那種輕巧細緻、聲音清脆悅耳的雪白瓷器是多麼逗人喜愛！可惜的是，古代四川大邑窯的白瓷流傳下來的很少。

邢窯和大邑窯是歷史文獻上提到燒造白瓷的瓷窯。事實上，唐代生產白瓷的地方遠不止這兩處。已發現的就有河北省曲陽縣的定窯，河南省鞏縣、密縣、登封、郟縣和湯陰窯，陝西省銅川市的耀州窯和玉華窯以及安徽省蕭縣的白土窯等。唐代白瓷，胎子較厚，釉層較薄，多數有冰裂紋，往往在聚釉處有閃青綠的感覺。

到了宋朝，我國各地瓷器製作進入了一個"百花爭豔"的時期，宋代有五大名窯：定、汝、官、哥、鈞。其中之一是河北省曲陽縣澗磁村的定窯白瓷。定窯白瓷雖在唐朝已有，但成為全國著名且地位很高，以致各地紛紛仿造的名窯是從宋朝開始。定窯白瓷在邢窯白瓷的基礎上取得了進一步的發展，但在製作風格和裝飾方法上卻與邢窯完全不同。它不僅胎質細薄，釉色瑩潤，造型端巧，而且大量運用印花、劃花、刻花的紋飾。它又吸取了五代越窯的裝飾特點，以繁縟細膩取勝，有些印花紋飾的精緻程度甚至遠遠勝過於吳越的秘色窯。那些盆、碗上印花、蟠龍、舞鳳、蓮花、牡丹、童子戲花、犀牛望月等裝飾，其構圖之嚴密，線條之工整，透過柔和的釉層，顯露出來的畫面，給人一種恬靜而充實、幽雅又瑰麗的美感。至於劃花紋飾，尤為傑出，有些僅簡單數筆，便神態盎然，意趣橫溢，不論花卉或動物，信手撚來。如果說定窰印紋是"靜"的美，那麼定窰劃花則是以"動"見長。有的定窰白瓷其釉汁下流成淚痕狀。還由於瓷釉透底的原因，器面往往出現所謂"竹絲刷紋"的痕跡，這成為定窰白瓷的一種獨有的特徵。

正由於名貴的定窰白瓷有這麼多獨特之處，因此在北宋初期就作為帝王宮廷中的主要用器。在一本《吳越備史》的古籍中，就有在北宋太平興國五年（980年），地方官員向宮廷進貢"金裝定器二千事"的記載：一次，下臣給皇帝送去了二千件黃金鑲邊口的定窰白瓷。名貴的定窰白瓷不僅在北宋初期就被帝皇宮廷中大量採用，而且也成了以後各個時代地主官僚巧取豪奪的物件。因此，可想而知定窰白瓷的歷史地位。

宋代除了燒造白瓷的定窰外，還有位於福建德化、廣東廣州、江西景德鎮和吉安、安徽蕭縣、陝西耀縣，以及河南、山西、江蘇等地的白瓷窰。不僅在中原地區生產白瓷，在我國少數民族地區也生產白瓷，其中值得一提的是遼白瓷，它在我國瓷器史上也有一定地位。新中國成立後，在內蒙古自治區巴林左旗和赤峰以及遼寧省遼陽地區都發現了遼代的瓷器古窰址。其中以赤峰缸瓦窰屯瓷窰生產的白瓷最具代表性。遼白瓷雖然受到定窰影響，但有的器形明顯地反映了契丹族的民族風格。例如白釉雞冠壺，就是一種便於在馬上或身上攜帶的盛酒、盛水的容器，其器形顯然是仿契丹族傳統使用的皮袋容器，保留著遊獵生活的痕跡。壺上還可以看出類似縫製皮革的痕跡，如皮條、皮扣等等，看來確如一個皮袋。

由此可以看到遼白瓷的製作是既接受了漢民族邢窰和定窰製瓷工藝的傳統技法，又保留了自己固有的民族風格，它是我國古代白瓷工藝史中一個獨特的組成部分。

在宋、元時期，景德鎮還生產了一種色質如玉的青白瓷器，這種瓷器也馳名中外。青白瓷器俗稱影青，是介於白瓷和青瓷之間的一類瓷器。從釉中的含鐵量來看，它比較接近白瓷。這類瓷器是景德鎮在北宋中期的獨創，並"著行海內"的。到南宋時，更是大量生產。據記載，當時京城臨安（杭州）

白釉雞冠壺（遼）

就專門開有"青白瓷器鋪"，出售供都城人們日常生活中不可缺少的飲食、飲茶及飲酒的器皿。可見景德鎮的影青瓷流行之盛。到了元代景德鎮青花瓷器雖然達到成熟階段，但是"青白瓷"的產量遠比青花瓷器大得多，佔據了元代景德鎮瓷器生產的主要位置。

到了明清時期，各色彩瓷紛紛出現，而白瓷為這些彩瓷的出現提供了條件。那麼純白瓷到了元、明以後是否就沒有發展了呢？不！我國古代製瓷工匠又創造了幾種令人喜愛的白瓷品種。明代永樂時期景德鎮製瓷工匠製造了一種"甜白"瓷器 這種白瓷可以說是達到了當時的最高水準，"甜白"的意思，很可能指這種純白器能給人以一種甜滋滋的感受。這個"甜"字也的確形容得恰到好處。事實上，永樂時期有的"甜白"碗，胎子薄到"脫胎"的程度，這種"脫胎"白碗非常珍貴，它已失去了使用價值，而是一種非常精巧的藝術品，甚至清朝的仿製品也要"百金一器"，可見這種脫胎白碗的歷史地位。

到了清朝，彩瓷佔了絕對統治地位，白瓷作為襯底伴隨著彩瓷的發展而發展，其透光度、白度、釉的均勻性也有所進步，但是純白瓷器除了仿古製品以外，就很少製作了。

五、享譽世界的青花瓷

在首都北京的各個大飯店、賓館以及在我國各駐外使館裡，所用的餐具、酒具、茶具、咖啡具等，幾乎都是幽靚雅致的青花瓷器。

在故宮博物院、景德鎮陶瓷館，伊朗德黑蘭博物館，以及英、美、德、法、日等國家的國家博物館裡，都在顯著的位置陳列著許多造型古樸大方，釉色明朗純正的青花瓷器。

在古代，從我國刺桐港（今泉州）和廣州港一艘艘揚帆起航開往日本、東南亞各國和非洲的水帆船上，裝著一捆捆用於貿易的青花瓷器。在古老而又艱辛的"絲綢之路"上，被譽為"沙漠之舟"的駱駝隊，馱著青花瓷器一路西去......

這裡人們不禁要問，為什麼青花瓷無論是現在還是古代，中國或者外國，能如此深受人們的喜愛和歡迎呢？因為，青花瓷器和其他花瓷器相比，有它獨到的好處。

1. 青花瓷器的特色

青花瓷器 就是用磨煉得極細的青花料（氧化鈷的含量一般為 3%～5%），在預先製好的未經素燒的瓷坯上繪畫圖樣以後，再掛上一層含鈣釉漿，放入窯中，在 1320℃左右的高溫下一次燒成。這種在白釉下面顯出藍色的彩繪瓷器就是傳統所說的青花瓷器。

青花瓷器是一種釉下彩，所以比起其他釉上彩繪瓷器有許多獨到的好處。

由於它的彩在釉下，所以就不易磨損，而且也不受外界空氣、酸鹹等腐蝕性氣體和液體的影響，色彩能夠經久不變。一般釉上彩如鬥彩、五彩瓷器的色料都是加著色劑的鉛釉，而且均需經過一次高溫、一次低溫的二步燒製工序；而青花不同，其釉和青花料中無鉛，也就避免了鉛對人類的危害；因此用青花瓷器作為餐具或者其他飲食用具比任何釉上彩繪瓷器更為適宜；這是青花瓷器在實用價值上最重要的優點。因此在我們國內，從高級賓館、飯店到一般民用的餐具，大都採用青花瓷器；在歐美一些工業比較發達的國家，人們也都喜愛用青花瓷器作為餐具，況且青花瓷的釉面光滑平潤、晶瑩透徹；在燈光照射與潔白桌布襯托之下，青花的藝術效果比釉上彩繪瓷器更顯得突出而協調、端莊而又雅致。

青花瓷雖然是一種單色的釉下彩，但由於彩料煉製精細，故繪畫也就自然流暢。彩繪於釉下，清新突出。釉下繪畫時只要把彩料的濃淡、深淺，線條的粗細，佈局的疏密和圖案的大小等技法處理得當，就能使畫面層次多，色階豐富。燒成後的色彩豐富，絕不單調乏味。青花瓷器由於白底藍花的巧妙配合，相互映輝，很容易顯出其清新明麗的統一風格，使人感到輕妙而不渾厚，穩靜而不沉重，不濁不雜，有無限的變化和不可思議之美。總之，青花是一種色彩單純協調、藝術效果極強的裝飾方法，因此它不僅適合裝飾餐具、茶具等日用瓷，也適合裝飾各種佈置用的陳設瓷。如果在一個小的茶杯上，繪上幾筆青花蘭草，一個大瓶繪上青花開光山水，都能博得人們的讚歎；或者在一個普通的碗上畫幾筆牛頭花，一個高級瓷瓶上畫上細緻工整、毫髮具備的人物畫，也同樣能得到人們的喜愛。它頗像西洋畫中的素描、國畫中的水墨畫，不論是線柳一枝、飛鴉數點或者寥寥數筆，抑或一枝蘭草的疏朗輕鬆的寫意畫，還是線條纖細、畫筆工整的山水人物或滿地圖案的工筆劃，都具有極強烈的民族特色。在古代一些陶書上有"青花幽靚"，"五彩過於華麗，殊鮮逸氣，而青花則較五彩雋逸"等記載，足見古代勞動人民對青花瓷器的評價就相當高。

2005 年 7 月 12 日，在倫敦佳士得拍賣行舉行的"中國陶瓷、工藝精品及外銷工藝品"拍賣會上，一件"元青花鬼穀子下山圖罐"引起了眾多買家競拍，最終被英國古董商吉賽貝·愛斯克納席以 1400 萬英鎊的高價拍得，加佣金後價格為 1568.8 萬英鎊，折合人民幣約 2.3 億元，高出估價整整一雄踞當年佳士得拍賣品價格榜首，創下了亞洲藝術品在全球拍賣史上的最高紀錄。

這件元代青花鬼穀子下山圖罐，高 29.8 厘米，口徑 21.4 厘米，底徑 20 釐米，平口，短直頸，豐肩，圓腹，腹至頸部逐漸內收，至底部稍向外撇，素底，挖足較淺，圈足斜削，有明顯弦紋，中心稍鼓。整

青花鬼穀子下山圖罐（元）

件器形不太規整，器身上有黃豆或玉米粒大小的凸起，可能與當時燒製過程中產生的氣泡有很大關係。青花料有鐵斑和暈散現象；胎體瑩潤，胎骨渾厚，內壁不甚規整；足裡微凹，三段拼接而成。整器裝飾一共有四層紋飾：一層頸部飾水波紋，二層肩部飾纏枝牡丹，腹部的第三層為主體紋飾"鬼穀子下山"圖，四層下部為俗稱"八大碼"的變形蓮瓣紋內繪雜寶。整件器物青花呈色濃豔，紋飾主次分明，疏密有致；人物刻畫流暢自然，神韻十足；山石皴染酣暢淋漓，筆筆精到；人物與山色樹石構成了一幅壯觀而又優美的山水人物畫卷。

2. 青花瓷的發展小史

青花瓷器是我國製瓷業中最優秀的產品之一，它在製作技術上與其他瓷器品種既有直接的淵源和繼承關係又有它自身發展的歷史。那麼青花瓷究竟產生於什麼時代呢？目前比較穩妥的說法是，原始青花瓷於唐宋已見端倪，成熟的青花瓷則出現在元代的景德鎮。

新中國成立後，我國開始了對早期青花的探索工作。20 世紀 30 年代以來，在我國南方各地先後發現了早期青花的碎片。如在 1976 年江蘇揚州唐城遺址發掘過程中，在出土晚唐遺物的地層中，據說發現了一塊青花瓷枕碎片。瓷片胎質灰白，有黑煙熏痕，白地青花略帶藍色，花紋圖案作零散的碎葉夾菱形紋。如果該材料確切，青花的歷史就可以提前。又如浙江龍泉縣在

北宋太平興國二年（977年）建造的金沙塔的夯土塔基裡有出土一些青花瓷片，經過科學分析證明，該宋代青花所使用的青花料是含氧化錳很高的國產鈷土礦，並且北宋青花所採用的青花料是用的鈷土礦原礦，與明清兩代國產青料的成分比例基本上是一致的。據說江西吉州窯也出土了一些宋青花殘片。但是到目前為止還未發現有一個完整的宋代青花器皿。

到了元代，青花瓷器肯定已經大批生產而且已經大量出口。據元人汪大淵著的《島夷志略》一書的記載，青花瓷器已經大量輸往海外作為貿易之用了。特別是到了元代晚期，青花瓷器的燒製已趨成熟。

可以肯定地說，青花瓷器的出現和發展需要具備一定的技術基礎，它和當時瓷器製作的技巧和繪畫等方面有一定的直接或間接的聯繫。前面講了，到目前為止還沒有發現唐宋時期的完整的青花瓷器，但是製作青花瓷器的某些技術和裝飾手法卻在唐宋已經出現了。比如青花這種釉下彩繪的技法，是9世紀唐代晚期湖南長沙窯的製瓷匠師首創。北宋時期，河北磁州窯的製瓷工人已成功地把我國傳統的國畫藝術與製瓷工藝結合起來，燒造出了白底黑花瓷器，於是人物、山水、花卉、鳥獸紋飾等素材開始在瓷器裝飾上大量出現，所不同的青花的釉下著色劑是鈷，長沙窯的釉下著色劑是銅，磁州窯的釉下著色劑是鐵，它們的區別只是使用不同的金屬呈色。

特別值得注意的是宋代燒製釉下彩繪的另一個瓷窯——江西吉安永和鎮的"吉州窯"，吉州窯在宋代除燒造黑釉瓷器外也燒造釉下彩瓷器。吉州窯的釉下著色劑是鐵，燒出來的釉下彩呈醬褐色。吉州窯的這種釉下彩繪技法可能是在北宋"靖康之變"以後，北方磁州窯的部分窯工南遷江西，把釉下彩繪技法帶到了永和鎮。永和鎮與景德鎮相距較近，宋末元初吉州窯停燒後，其釉下彩繪的畫工轉到了景德鎮。另外，我們從現存的元代青花瓷器的許多裝飾紋樣來看，有一些是直接來源於吉州窯，如卷枝紋、卷錢紋、菱形錦紋、回紋等。元代青花瓷器中除白底藍花外還有藍底白花，這種畫法也與吉州窯的褐底白花相同。總之，磁州窯、吉州窯的釉下彩繪為景德鎮的青花提供了很多借鑒。

南宋末年，我國北方戰事頻繁，許多北方瓷窯遭到了很大的破壞，製瓷匠人紛紛南遷。到元代，封建王朝在景德鎮設立了官辦的製瓷機構——浮梁瓷局。於是，北方各窯南遷的製瓷匠人便集中在浮梁瓷局，這就大大地加強了景德鎮瓷窯的技術力量，在客觀上促使了景德鎮瓷窯融合各地製瓷之所長。景德鎮瓷窯宋元兩代燒造青白瓷，到元代中期以後卻日趨衰落，被青花瓷器取而代之。我國傳統的青花瓷器很可能就是在淺湖綠色的青白瓷的基礎上匯合了鈷藍釉下彩的技法發展起來的新產品。

元代青花瓷器，以帶有元代至正十一年（1351年）記年銘的"青花行龍紋瓶"為標準器，從其釉色紋飾、造型各方面來看，元代晚期的青花瓷器的燒製已趨成熟。新中國成立以來出土的一些青花瓷器，如1964年河北省保定市元代窖藏出土的"青

景德鎮窯青花蕭何月下追韓信梅瓶（元）

花加紫開光鏤空大蓋罐""青花海水龍紋八棱帶蓋梅瓶"，1970年北京元大都發掘出土的"青花鳳頭扁壺"，南京明初將領沐英墓出土的"青花蕭何月下追韓信梅瓶"，以及伊朗考古博物館藏"青花如意頭開光雲龍紋四系扁壺"，都充分說明了當時元代青花瓷器的燒造水準。八棱梅瓶、四系扁壺不僅之前未有，明清兩代也未見有此種造型。不足的是元代青花的胎質在淘煉技術不如明清細緻，一般在器底可以看出有砂眼、刷痕和鐵質的斑點。

明代初期，隨著社會經濟的發展和製瓷技術的提高，青花瓷器的製作有了很大的進步。特別是到明代宣德時期，青花瓷器的燒造水準達到了"開一代未有之奇"的飛躍發展，至今流傳在世的許多藝術精品，如故宮博物院珍藏的"青花松竹梅紋梅瓶""青花海水行龍紋扁瓶"，均可以代表當時青花瓷器燒造的傑出水準。

清代，從康熙、雍正、乾隆時期來看，製瓷業有了更進一步的發展。尤其是康熙

青花海水行龍紋扁瓶（明）

時期，青花瓷器的燒造成就更加顯著，無論從胎質、紋飾還是釉色來看，幾乎到了登峰造極的地步。

　　成熟青花瓷器的燒造從元代開始算起，至今已有六百多年的歷史了。特別是明清兩代，它始終是我國瓷器生產的主流。縱觀青花瓷器的發展過程，它在我國瓷器發展史上確實是值得稱道的。

六、鮮豔奪目的釉上彩瓷

自從有了釉上彩，瓷器的發展就進入了黃金時代。什麼是釉上彩瓷呢？顧名思義，就是在燒好的瓷器的釉面上再經彩繪裝飾的瓷器。由於色彩的不斷增多，彩飾方法的不斷進步，同時又和我國傳統的國畫藝術密切結合，把大量的國畫畫面"移植"到瓷器上，瓷器的藝術內容大為豐富了，這也促進了瑰麗奪目的釉上彩瓷的飛速發展，使之成為我國傳統瓷器中重要的一枝。釉上彩瓷是我們祖先幾千年來勞動實踐和創造凝成的藝術結晶。我國釉上彩瓷的發展從元代開始，到明清兩代發展到頂峰，從技術上和藝術上都顯示了極高的水準。但是要問彩瓷的來歷，還得從彩陶談起。

1. 從彩陶到彩瓷的演變

早在原始社會，人類在製造陶器的過程中，通過長期的摸索和實踐，慢慢地學會了在陶器上彩飾簡單的圖案，以豐富生活內容。人們使用一些天然的富含鐵、錳、鈷、氧化物的有色礦物作顏料，直接在陶器坯胎表面上塗飾成紫、紅、黑褐色的圖案花紋作為裝飾，製成彩陶。當時顏色比較單調純樸，也不那麼鮮豔奪目，技術上是比較原始的，然而這卻是人們利用彩料裝飾陶瓷的開端。隨著社會歷史的不斷前進和生產技術的不斷發展，我們的祖先繼創造出青釉器，即最初的石灰釉之後，在漢代又發明了另一種以氧化銅著色劑的美麗的綠色鉛釉，製成了綠釉陶器，被長期用作墓葬的明器。從化學成分上看，這種釉料主要含氧化鉛（約 60%）和氧化矽（30%），及少量的金屬氧化物著色劑，是一種低熔點的矽酸鉛玻璃物質。它的主要原料同古代道家使用的丹藥原料十分相似，這說明鉛釉的發現和發展與古代道家的煉丹術有一定的聯繫。

鉛釉的發現，為新的陶瓷裝飾方法奠定了物質基礎。4 世紀以後，鉛釉逐漸脫離了明器的範疇，開始用於建築方面。經過久遠年代的實踐，人們逐步熟悉了鉛釉的製作技術，積累了經驗，更多地認識了金屬氧化物

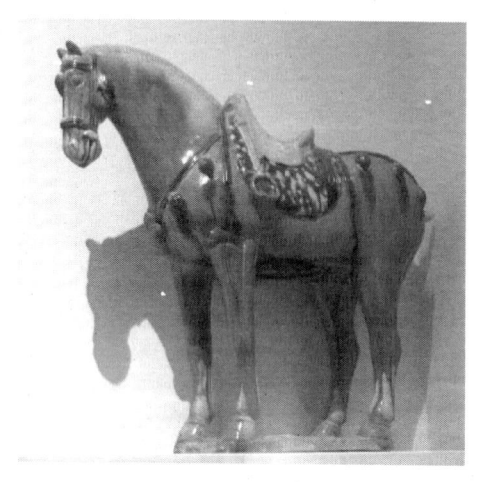

唐三彩馬（唐）

鉛釉中顯現各種色彩的規律。到了唐代，人們根據從實踐中認識到的這些著色規律，創造了著名的唐三彩陶器。唐三彩有深藍、黃、赭、綠、白等 5 種基本顏色，有時還可以通過兩種顏色不均勻的融合，在高溫下產生色澤美麗的窯變。唐三彩色澤十分和諧，精美別致，獨具風格，是彩色釉陶發展的興盛時期。從彩陶開始到多色彩釉的唐三彩陶器的發展，說明陶器的彩飾經歷了一個從採用天然礦物顏料到人工合成彩色釉料的技術進步過程。這幾千年雖說不算短，但是在當時的歷史條件和技術條件下，陶器裝飾在技術上有了這樣大的進步，的確是一件了不起的事情。

任何技術進步都是人類經過長期的勞動實踐，積累經驗，不斷提高認識而取得的，釉上彩的發展也不例外。宋代以前，瓷器是採用在單色釉的器物上刻花、印花等方法裝飾的，刻花和印花裝飾出來的紋樣都是一些規矩整齊的圖案花紋。到了宋代，除了繼承唐三彩那種多色彩釉的方法製成所謂"宋三彩"之外，又發展出了一種"宋加彩"，或稱"紅綠彩"，它不像三彩那樣把彩釉直接上在胎上拼組成各種彩色圖案，而是以氧化鐵製成的礬紅和三彩用的那種綠色彩釉作為彩料，用描繪的方法畫在釉面上。如河南禹縣扒村窯、修武當陽峪窯都有這類的產品。宋代從彩釉到釉彩的演化，可算是真正釉上彩的開端。由於河北磁州窯釉下彩的發展和扒村窯等釉上紅綠彩的開創，中國瓷器裝飾藝術史上才開始了具有劃時代意義的毛筆彩繪的方法。這種方法吸收了國畫的特點，畫面生動活潑，色彩豐富，層次分明。這與唐、宋時期

國畫名家迭出、繪畫藝術高度發展的繁榮局面是分不開的。

同時，三彩的技法也並沒有就此被丟棄，它直到元代仍然延續著。除了保持唐三彩彩釉拼組圖案的裝飾方法外，還發展了在白釉上筆繪三彩的方法，製成的器物稱為"元三彩"。此外元代山西蒲州一帶還盛行法花三彩，它採用彩畫技術中立粉方法，在瓷器坯胎表面上用泥漿勾勒成凸起的線條掏成紋飾輪廓，然後分別以黃、綠和紫色釉料填成花紋色彩，入窯燒成。

從"宋加彩"和"元法花"三彩使用鉛釉裝飾這一點上看，其製作原理雖然與唐三彩相同，但在裝飾技法上，比唐三彩利用色釉拼組成圖案花紋要進步得多，已經發展到一種描畫填勾彩繪方法的裝飾技術了。這些釉彩的裝飾方法後來對南方瓷區特別是江西景德鎮釉上彩的發展和有名的素三彩瓷器的製作都有重大的影響。

從宋至元，南方著名的瓷區景德鎮也逐步具備了發展釉上彩瓷器的必要條件。在這段時間裡，北方興起的釉上用毛筆彩繪技術傳到了景德鎮，那裡的製瓷工人先是用這種技法製作釉下彩青花瓷器。所謂"釉下彩"青花瓷是在胎的表面上用含鈷的礦物製成的顏料彩繪，然後施釉，經高溫燒成，幽雅的青藍彩飾顯現在釉下。景德鎮的製瓷工人通過青花瓷器的生產積累了豐富的經驗，熟練地掌握了毛筆彩繪的技法，同時他們也掌握了含鉛釉彩的製備技術和使用方法。這時景德鎮的白釉瓷器的品質已達到相當高的水準，為景德鎮生產釉上彩瓷提供了優越的條件。於是，景德鎮在元代開始了釉上彩瓷器的製作，而且規模也越來越大，這已為近來的考古發掘所證實。景德鎮釉上彩瓷器發展到明、清，達到了登峰造極的地步，它和著名的青花、釉裡紅等釉下彩瓷器並駕齊驅，進入了成就輝煌的彩瓷發展階段。正是由於彩瓷的發展，這個唐、宋以前不曾為人們重視的景德鎮後來成了聞名於世的著名瓷城。

2. 明清釉上彩瓷的成就

明代以後，景德鎮已成為我國釉上彩瓷器發展最快、成就最突出的重要產地。明代以前景德鎮燒造瓷器的窯場比較分散，雖然瓷器的經營製作已逐漸形成獨立的作坊，規模也逐漸擴大，然而生產方式卻仍是屬於小生產者的類型。明代以後，由於社會經濟的轉變，為了滿足市場擴大的需要，製作瓷器的小手工作坊在生產的組織形式上逐漸改變和擴大。由於技術上要求愈來愈高，分工就愈來愈細，生產的品種也不斷增多，逐漸形成了專業性強、分工細的大型作坊集中的局面。同時，明代的封建王朝為了享用高級精瓷，在景德鎮設立御窯廠。就在這樣的形勢下，釉上彩瓷器的發展呈現了新的局面，促成了景德鎮瓷器生產"陶舍重重倚岸開，舟帆日日蔽江來"的繁榮景象。

明、清釉上彩瓷在品質上的高超與當時白瓷品質的提高也有很大的關係。如果沒有高品質的白瓷提供素淨細膩晶瑩潔白的釉面，正如繪畫缺少質地潔白的紙一樣，怎麼能襯出美麗生動、色調和諧的圖畫呢？

瓷器白度的提高，最主要的是選用含鐵、鈦等雜質礦物少的優質高嶺土和瓷石原料，以及有淘洗等精選加工等工藝保證。其次，製坯和施釉技術的好壞也會影響白瓷的品質。元代以前瓷器素坯是用竹刀旋坯的，而明代則改成了用鐵製刀具旋坯，使瓷坯的表面光潔度有了很大提高；施釉技術也有了新的發展，這使得釉面更加平滑均勻。所以到明代，景德鎮已能製出質地優良，表面潔白如玉、光潔似鏡的白瓷。為釉上彩迅速發展確立了必要的技術基礎。

據文獻記載，釉上彩瓷發展到了明代，就和發展得比較成熟的釉下彩青花結合起來了，其中之一就是所謂"鬥彩"。"鬥"是指釉上彩和釉下彩相互鬥妍，相互襯托，構成比單獨釉上或釉下彩更為絢麗的圖案。這種鬥彩是先在坯胎上用青花料勾出輪廓，上好白釉燒成青花彩瓷後，再按青花彩的輪廓填上紅、黃、綠、紫等應有的色彩，最後裝入燒彩的窯爐，在800℃左右的溫度下燒製而成。這種鬥彩瓷器以成化時期為最多。它的胎質細膩潔白，瑩潤如脂，彩色柔和豔美，令人愛不釋手。到了明代嘉靖、萬曆年間，又在鬥彩的基礎上發展成了著名的"青花五彩"，它和鬥彩的區別就是將青花繪成完整或部分圖案，有時還常用褐色彩料代替青花描繪圖案線條；也有在白瓷釉面上加彩的。青花五彩濃豔可愛，填筆簡樸自然，在瓷器史上，它的發明也是空前的成就。

清初釉上彩瓷在色彩上和藝術上都有了更大的進步，最突出的要算聞名於世的"康熙五彩"了，它在明代基礎上，使用藍色釉上彩代替了以前所用的釉下青花，並且將黑彩也用在釉上裝飾，豐富了彩色，是一種純粹用釉上彩料彩繪成的彩瓷。由於色彩較厚實和濃豔，人們稱它為"硬彩"，在景德鎮又常稱它為"古彩"。含鉛彩料的發展到這時已是十分完備了。如果我們稍微仔細地從本質上分析和回顧一下的話，不難發現從"唐三彩"發展到"康熙五彩"，實質上是由使用含鉛的著色釉料製作多色彩釉陶器發展到含鉛的著色釉上彩料製作釉上彩瓷器的過程。也可以說是人們把握了低溫含鉛玻璃物質，先使用於釉，而後使用於彩的裝飾技術的演變過程。

康熙五彩瓷（清）

釉上彩料發展到康熙五彩並沒有就此止步，康熙末期，人們通過實踐，又開創了新天地，那就是把含"砷"的玻璃料摻入含鉛的彩料中，可以使彩料產生發乳白色的效果。景德鎮稱這種含砷玻璃料為"玻璃白"。如果以康熙五彩為基礎，加入這種含砷玻璃白，彩料的顏色都會變成帶粉白的色調，如紅色變成粉紅，綠色變成粉綠……所有的顏色就可以"粉化"成不同深淺濃淡的色調，這樣就把釉上彩的色調範圍擴大了，色彩可以渲染，層次深淺、陰陽分明，畫法可以比較細緻。由於這類彩的特點是帶有粉白色調，所以這類彩就稱為"粉彩"。色彩帶粉有柔和的效果，因此又常稱它為"軟彩"，粉彩在雍正時期最為興盛和有名。釉上彩到了這個時期已發展到了一個百花爭艷的階段。釉上五彩和粉彩是傳統的中國釉上彩瓷器，它的特徵是彩料象五彩的寶石一樣鑲嵌在瓷器表面上閃耀奪目，它象征著傳統釉上彩瓷在歷史上達到了極高水準。然而它們的工藝卻幾乎是相同的。一般都要把彩料研磨成極細的細粉，用

粉彩花卉圖瓶（清）

毛筆蘸調適當，畫在釉面上，經過 800℃溫度焙燒而成。在古代，焙燒釉上彩是用木炭作燃料，木炭在燃燒時沒有煙灰雜質，烘燒出的釉上彩清爽秀潔，品質特別高。

無論是五彩，還是粉彩，彩料畫在瓷器釉面上經過燒成，要使彩料與釉表面很牢固地結合而不剝落，是一件不容易的事，歷史的記載表明了這點。早在清康熙五十一年（1712 年）和康熙六十一年（1722 年），法國耶穌會傳教士曾經收集了有關景德鎮瓷器製造技術的情報，分別寫成長信，向法國的神父報告，其中詳細記述了有關彩料的製作方法和彩繪技術，同時還寄回了各種彩料的實物樣品和彩繪用的筆以及膠水等。寄回法國後，曾在皇家設立的化驗室中做了分析化驗，並在法國燒製的長石質瓷器上作了彩繪試驗。試驗的結果是"中國彩料不能塗飾歐洲瓷器，因瓷釉性質不同，彩料龜裂、脫落和缺乏附著性""歐洲長石質瓷器不可能與中國的琺瑯質玻璃（指中國彩料）結合得好"。這說明要使彩料與釉面結合得很好不是輕而易舉的事。

七、稀世奇珍——黑釉瓷

成熟的黑釉瓷器在東漢時期首先出現在我國南方,而北方黑釉瓷器的出現,比南方稍晚。當歷史跨進 10 世紀末葉時,黑釉瓷器的燒製遍佈大江南北且爭相競逐,在我國瓷器發展史上佔據了重要的一席之地。

1. 鬥茶之風與建陽黑釉盞

飲茶在我國具有悠久的歷史,至少可以追溯到西漢時期,真正盛行則始於唐代。唐代一改過去粗放式的豪飲,轉變為品嘗式的烹飲,從而使飲茶成了一種優遊歲月、寄情托意的"雅舉"。到了宋代,飲茶風氣更為普及,其程式也日趨工巧繁縟,甚至產生了諸如"分茶"、"鬥茶"等趣味性的品鑒遊戲。它不僅代表了宋代烹飲藝術的一種特殊水準,也成了大夫們閒暇中的娛樂活動。

宋代的茶葉是製成半發酵的膏餅,飲用前須先把膏餅碾成細末放在茶碗內,再沏以初沸的開水,隨後水面就會沸起一層白色的泡沫。而所謂"鬥茶"就是觀看茶盞內壁留下的白色茶痕,先退去者為負。它最精彩的部分集中在初沸時湯花的顯現上,因此鬥茶的著重點在於其觀賞性而非飲用性,它既是一種扣人心弦的遊樂方式,更是一種妙趣橫生的觀賞藝術。

宋代盛行鬥茶之風,福建建陽生產的一種黑釉茶盞因此響滿天下。宋人鬥茶為何偏愛這種黑釉茶盞呢?這是因為,宋代茶盞雖有千千萬萬,各種釉色諸如黑袖、醬袖、青釉、青白釉、白釉幾乎應有盡有,但是若以鬥茶的視

覺效果而論 誠如《大觀茶論》所說："盞色以青黑為貴，兔毫為上。今按建盞胎骨既厚，宜於久熱，且釉色黑，水痕易驗，故最宜鬥試。因此鬥茶競尚建盞。"它說明建陽黑釉盞由於釉色黑亮，對白色茶痕有一種極鮮明的襯托，而受到鬥茶者的愛重。建陽黑釉茶盞又由於胎體較其他茶盞厚重，保溫效果好，鬥茶時水痕退去的速度慢，被公認為最宜鬥茶。當時河北曲陽定窯也生產一種黑釉茶盞，色黑如漆、胎質縝密均較建陽盞為優，且地距北宋京都汴梁又近，但徽宗捨近求遠，鬥茶時一定要選用建陽盞，可能也與定窯黑釉盞胎薄保溫效果差，茶易冷則水痕易退，不適合鬥茶的要求有關。

建陽窯黑釉兔毫盞（宋）

福建建陽窯以盛燒黑釉盞聞名於全國，其黑釉製品又因含鐵量高，被稱之為"烏泥窯"或名"黑健""烏泥健"。它盛燒於北宋而衰落於元末。北宋時由於建窯燒製的黑盞適於鬥茶，因此一度專為宮廷燒製御用黑盞，如在一些出土的茶盞的底足上就刻有"供御"等字樣 其書體風格很有些宋徽宗的"瘦金體"韻味，目前身價百倍。在建陽黑釉盞中，以"油滴盞""兔毫盞"最為名貴。所謂油滴是指在黑色釉面上散佈著許多具有銀灰色金屬光澤、大小不一的小圓點，圓形似油滴，故得此名，《格古要論》謂之"滴珠"。"兔毫"又分"金兔毫""銀兔毫"和"灰兔毫"3種，因其在黝黑發亮的釉面上，並排閃現出一種帶金屬光澤的絲狀條紋，形似小兔的毫毛筋脈，又如細雨霏霏，垂流自然，故稱"兔毫"。這些釉質的形成，利用了含鐵釉的結晶原理，它們既不施加豔麗的色彩，又不需要彩繪的雕飾，僅以其本質的美感而產生藝術魅力，可謂技高一籌。

"油滴""兔毫"這類黑釉茶盞雖有大小不同的規格，然其胎重釉厚是其共同的特徵。這些器物的造型還由於口大底小，腹壁斜直，因而在渾厚中又不失秀巧。在實用功能上，它不僅便於飲茶和傾倒茶葉，其胎體厚重也有利於鬥茶。可以說，黑釉茶盞的造型和特殊的實用功能相結合，是內容與形式的完美統一。難怪連宋徽宗趙佶也曾愛不釋手，並且在他所著的《大觀茶論》中多次對其加以讚賞。

2. 風情濃郁與吉州黑瓷

宋代除建窯黑釉盞享有盛名外，江西吉州窯的黑釉瓷器也久負盛名，特別是它的黑瓷裝飾風格別開生面，令人耳目一新，甚至可與建州黑釉盞相媲美。

吉州窯在江西吉安永和鎮，自隋至宋吉安都稱吉州，故名"吉州窯"，又因燒造地點在永和鎮，也稱"永和窯"。它創燒於唐代晚期，發展於五代，南宋是它的極盛期，由於其悠久的燒瓷歷史，故民間俗有"先有永和，後有景德"之說。吉州窯是極具特色的瓷場，它燒造的品種相當複雜：既燒建窯系的黑釉，也燒定窯系的白釉、磁州窯系的白地黑花以及景德鎮的青白瓷，還仿燒哥窯的開片瓷等等；無所不燒。但其中卻以黑釉瓷器上那種獨特的裝飾風格著稱於世，例如在黑色釉面上仿海龜身上斑駁的"玳瑁釉"，仿鷓鴣鳥胸部燦爛羽毛的"鷓鴣斑釉"，還有以剪紙、樹葉貼在釉面上的"剪紙紋""樹葉紋"等，皆惟妙惟肖，情趣盎然，較之建陽黑釉"兔毫""油滴"並不遜色，到南宋時期幾乎能與之比肩。

"剪紙漏花"瓷器，是吉州窯瓷器中最具神韻的一種。它是在黑褐色釉面上，以一種特殊的工藝手法浮現出鳴鵲、飛蝶、奔鹿、鸞飛鳳舞和梅、蘭、竹、菊等各種不同珍禽、花卉的剪影，巧奪天工、生趣盎然。剪紙是我國民間流行廣泛深得人民喜愛的一種手工藝品，濃郁的民族色彩和旺盛的生命力，使它歷久彌新。剪紙一般用作窗花、壁紙，或者作為鞋面、枕面上的花樣，然而宋代吉州窯的工匠們卻把這種剪紙技藝巧妙地移植到瓷器裝飾上，可謂創世之舉。不僅如此，他們還用各種不同形狀的樹葉，經過特技處理來裝飾器面，更富自然天成的情趣，遠遠望去，恍惚之間好像空中飛舞的彩鳳，又像大海中飄浮的一片落葉。它與筆墨所繪、竹刀所刻的圖案風格迥然不同，與官窯中

吉州窯玳瑁釉執壺（宋）

某些規矩得近似呆板乏味的裝飾題材，也形成了鮮明對比。

在現代陶瓷裝飾中，有不少盤、碗、杯、盒上的花紋，也是用貼花技法燒成的。有人誤認為這種貼花技法是隨著印刷技術的發展，在 20 世紀 40 年代傳入我國的。其實，若以我國宋代吉州窯燒製的這種"剪紙漏花"瓷器而論，貼花技術不僅是我國製瓷藝匠的發明，而且在我國已有近千年的歷史了。

黑色是一種亮度極暗的色調，往往會產生特殊的視覺效果。黑色的這種性質"很可能歸功於它的亮度而不是它的色彩"，正如歌德在他的《色彩論》一文中所說"一個穿黑色衣服的女人，看起來顯得比別的女人更窈窕一些"的道理一樣。所以黑瓷的燒製成功，不僅打破了青瓷的一統天下，豐富了單色釉瓷器的裝飾內容，而且它深沉明亮、含蓄端莊的釉面，看似平凡，卻有一種特殊的內在美。此外，黑瓷利用鐵分子的結晶和釉的流動，在本色上還能夠燒出各種奇妙無比的色調，也堪稱一絕。同時由於燒製黑瓷的原料在全國各地隨處可見，很容易大量生產，也為黑瓷在民間的普及提供了有利條件，致使它能夠異軍突起，迅速在全國範圍內形成空前的規模，以致無論燒製何種釉色的窯場幾乎都兼燒黑瓷，這在我國陶瓷發展史上也是僅有的。

第六編　瓷器與中外文化交流

英語"China"一詞有兩種解釋，一種解釋為"中國"，另一種解釋就是"瓷器"。這是為什麼呢？原來，我國是最早發明瓷器的國家，瓷器發明以後，大約在西元7世紀的唐代就開始向外大量輸出到朝鮮、日本、菲律賓、印度、埃及和東非等國家和地區；14世紀以後，中國瓷器又傳到歐洲各國，以後又傳到美洲大陸。因此，可以說中國瓷器已經遠銷到了全世界。近年來世界各地的考古發現充分證實了這一點。

精美的中國瓷器，博得了各國人民的欽佩和稱讚，所以說英語的民族和國家乾脆就把"瓷器"當作"中國"的同義詞了，而中國也博得"瓷國"的稱譽。

我國古代瓷器外銷的途徑，大致可分為陸路和水路，水路又可分為東南亞和西亞、東非兩路。隨著瓷器的外銷，我國的製瓷技術也隨之外傳。

一、搭乘駱駝流傳國外

提起"絲綢之路",人們便會想到,在古代一群群駱駝,駄著我國的絲綢,沿著這條古老的"絲路"西去的情景。但是,你可曾想到,我國的另一大特產——瓷器,也曾通過這條"絲路"大量地輸往國外。"絲綢之路"運瓷器,這似乎有點名不副實了吧!但這卻是真真實實的事情。

伊朗(古名波斯)位於亞洲的西部,是一個歷史悠久的文明古國。中國和伊朗兩國人民早在兩千多年前就開始進行文化交流和貿易往來。自從"絲綢之路"開闢以後,中國和伊朗的往來就更加頻繁了。從西元 7 世紀起,中國瓷器也隨同絲綢品一起沿著這條道路運往西方了。據半個世紀的考古發掘,在伊朗的麥什特、尼夏浦爾、累伊、伊斯法罕、阿爾德比勒、大不裡士、西拉夫、忽魯謨滋等地發現了唐代至清代的中國瓷器。

尼夏浦爾位於伊朗東部,是古代呼羅珊的中心地,也是東西交通的要衝。這裡的人民非常喜愛中國瓷器,而且還把它看作是很珍貴的東西。1059 年,有個名叫拜哈奇的人在他的著作裡寫了一段很有趣的記載:"呼羅珊總督伊薩向哈裡發的詞倉·拉西德贈送了精美的中國官窯陶瓷二十件和一般陶瓷兩千件。這是哈裡發宮廷從未見過的東西。"這裡所說的官窯陶瓷指的是什麼,我們現在無從知道,但可以想像得到是製作特別精緻的器

青花波斯人物圖蓋罐(明)

物。近年來，從尼夏浦爾遺址陸續發現了 9 世紀—13 世紀的中國瓷器，有越窯和長沙窯的青瓷、青白瓷、白瓷等。

在德黑蘭南部約 10 千米之處有個叫作累伊的古城遺址。累伊城早在公元前 3 世紀就已建立了，曾為首都，繁榮一時，13 世紀毀於戰事。有人認為它是僅次於巴格達的古代東方城市。累伊是古代"絲綢之路"的必經之地，如今在這裡發現了唐越窯青瓷、邢窯白瓷和南宋龍泉青瓷等。這說明最晚在 9 世紀以前中國瓷器已經由沙漠之舟——駱駝運到伊朗中部來了，而且運來的瓷器數量也是比較可觀的。

在印度莫臥兒帝國有這樣一個傳說：莫臥兒皇帝賈汗吉爾收藏了一隻他最喜歡的中國瓷器盤子，有一天管理者因不小心打碎了，於是他暗中派人到中國去買一隻同樣的盤子回來。兩年過去了，派出去的人還沒回來，而賈汗吉爾卻想起了這只盤子。他聽說盤子已被打碎，立刻大怒，將保管者毒打一頓並沒收了他的財產。後來賈汗吉爾給他五千里拉，發還給他四分之一被沒收的財產，要他出國去尋找類似的盤子，找不到就不准回國。幸而，這個人在波斯國王那裡找到了類似的盤子，並且請波斯國王將盤子讓給了他。故事發生在 1608 年—1611 年，如果這樁事確有其事的話，這位國王無疑就是波斯沙法維王朝第五代皇帝阿巴斯大帝了。

那麼，阿巴斯大帝為什麼會有中國瓷器呢？原來，他有一個嗜好，就是特別喜愛中國瓷器，只要是比較高級的中國瓷器，就非得到不可。他繼位之後，波斯國勢日益強盛，和中國的貿易也不斷擴大，於是大量精美的中國瓷器便落到他的手裡。1611 年他到阿爾德比勒去祭祖廟，還在那裡建造了一座中國瓷器陳列館，把自己珍藏的 1162 件中國瓷器奉獻出來，並在每件瓷器的底部刻上用細點組成的阿拉伯文方塊題記"高貴而神聖的奴隸阿巴斯奉獻沙法維寺"。

這批珍貴瓷器後來一直保存在阿爾德比勒，1828 年和 1832 年沙皇俄國曾兩次侵入阿爾德比勒，把阿巴斯大帝獻給寺廟的珍貴圖書劫往彼得堡（今彼得格勒）圖書館，有幾件刻有上述題記的瓷器則劫到第比利斯博物館。直到 20 世紀 30 年代，為了使這批珍貴的瓷器免遭第三次浩劫，伊朗王室就將阿爾德比勒收藏的比較完整的瓷器移到德黑蘭考古博物館（現伊朗國家博物館）保管了。

青花鳳凰雜寶紋大盤（元）

　　這些瓷器大都是和絲綢一起運往國外的。絲綢可一捆一捆地捆在一起，不怕擠壓，不怕撞碰，但瓷器就不行，一不小心就會破碎。為了把瓷器安全地運送到目的地，人們想了一種奇特的包裝方法。據《萬曆野獲編》記載："輕脆，何以陸行萬里？既細叩之，則初買時，每一器物內納沙土及豆麥少許，選數十個輒牢縛成一片，置之濕地，頻灑以水。久之，則豆麥生芽，纏繞膠固，試投牢確之地，不損破者始以登車。既裝駕時，又以車上扔下數番，堅韌如故者始載以往，其價比常加十倍。"可見在瓷器包裝上也還有學問哩。

　　不過，瓷器陸運由於包裝費事，運輸途中損耗又多，而且駱駝的裝載量又有限，所以我國的瓷器通過陸路輸出的數量還是不多的，大批輸出還是靠海路運輸。

二、漂洋過海遠赴日韓

我國有著很長的海岸線，很早就有發達的海上交通，同世界各國保持著友好的交往關係。日本和我國是一衣帶水的近鄰，兩國之間的經濟文化交流頗為頻繁。這些除了許多史書記載外，還可從考古發掘得到證實。

1976年初，在韓國全羅南道新安郡智島面防築裡的道德島附近，當地漁民在撒網捕魚時打撈上來幾隻瓷器花瓶。經過鑑定，這是中國浙江龍泉窯生產的青瓷。後來又陸續打撈上來許多青瓷。消息傳出，轟動了學術界。

海底怎麼會有瓷器呢？根據打撈瓷器的線索，進行了海底考古調查，在水深20米的海底淤泥裡發現了一條沉船，船上裝載有很多貨物。到目前為止，已經打撈出各種文物達一萬二千餘件，其中有很多瓷器，而瓷器中又以龍泉窯青瓷最多，景德鎮窯白瓷次之。從大量的元龍泉青瓷和所發現的元朝政府發行的"至大通寶"銅錢來看，沉船時間不早於元代。船型估計和福建泉州灣發現的宋代古船大體相同。從以上情況來分析，估計這是一艘從寧波一帶起航的中國海船，駛向高麗，裝卸貨物後在開往日本北九洲博多灣時，途中遇到暴風雨而沉沒於海底的。

中國同日本有著兩千多年的友好往來歷史。到了隋唐時期，這種友好往來達到了高潮。這一時期日本政府正式派遣"遣唐使"到達唐朝共有13次。"遣唐使"

韓國新安沉船打撈上的瓷器

雖然主要表現在政府之間的交往上，但也起了貿易使團的作用。他們在中國市場上進行大宗貿易，從而也活躍了兩國之間經濟貿易往來。作為對"遣唐使"的回訪，唐朝也曾多次向日本派遣使節，帶去了大量的中國特產，其中有"唐三彩"和許多精美的瓷器。最初，中國瓷器是作為禮物贈送給日本政府的，但由於日本對瓷器的需求量越來越大，於是中國瓷器作為商品而大量輸出日本了。

從唐代起，我國政府相繼在廣州、明州（今寧波）、泉州等地設置市舶司，管理對外貿易。明州是唐代起對日貿易往來的主要港口。唐代商人李麟德在唐會昌二年（842 年）冒風浪之險由明州起航駛往日本，這是我國民間對日本貿易的最早記載。從那以後，年年增多，日本稱作"唐商"或"宋客商"的中國商船，僅在 9 世紀—12 世紀間駛往日本北九洲港口的就有百餘次之多。到了五代，商人蔣承勳、蔣袞等人多次來往於中日兩國之間。947 年，吳越王委託商人蔣袞把一批包括越窯青瓷在內的中國特產和信件帶往日本送給有關官員。蔣袞回國時，日本左大臣藤原實賴托他帶回覆信和回贈禮物。西元 954 年 錢弘椒委派商人蔣承勳代表吳越國，致書並饋贈禮物給日本政府。到了宋崇寧四年（1105 年）由明州起航的泉州客人李充的商船，裝載了"瓷碗二百床，磁碟一百床"去日本，這雖然是現存唯一的瓷器貿易記載，但往來於中日之間的商船都毫無例外地裝載了瓷器。中日兩國近年來的考古發現，有力地證實了這一點。

1973 年冬至 1974 年春，在浙江寧波市發現了一批 9 世紀末的晚唐瓷器。這批瓷器大部分是越窯系青瓷，但也有千里迢迢遠道運來的湖南長沙窯青瓷。同時，出土的還有"乾寧五年六月"（898 年）銘文磚和一件雲鶴紋碗，內底印有"大中二年"（848 年）四字。這批瓷器的出土地點是唐、宋以來明州地區接待外國使者、商人和儲存貨物的地方。唐、宋政府所設的安遠驛、市舶務、提舉司等就在附近一帶。

越窯"大中二年"銘雲鶴紋碗（唐）

由明州出發的商船，到達日本九州後即被安置在大宰府的鴻臚館（賓館）。就在這個鴻臚館遺址，出土了大批瓷器，種類與器形，恰恰同寧波發現的一樣。這絕不是偶然的巧合，而是中國瓷器運往日本的實物例證。在遺址還發現過刻有"小蔣置此硯瓦"字款的風字硯殘部。小蔣是什麼人當然無從查考了，但聯繫到上面所說的吳越商人，足以說明中國商人在鴻臚館從事貿易活動。

當時日本政府規定，凡有中國商船到達，需由日本政府派出官員進行交易，然後才可進行私人交易。可是，日本上層統治階層特別喜愛中國貨物，往往商船一到就派人前往搶購。為此，日本政府一再明令禁止，但始終難以實行，最後也就不了了之了。

12世紀末，日本鐮倉幕府建立以後，繼續同中國進行貿易來往，瓷器貿易仍不減當年。後來在鐮倉海岸發現了大量的南宋龍泉青瓷碎片，可以想見當時貿易的盛況了。

中國和日本是一衣帶水、隔海相望的友好鄰邦，現在坐飛機只有兩三個小時的行程。可是在遙遠的古代，乘坐木船渡過波濤洶湧的大海，是件很不容易的事，不但航行時間長，而且還會遇到狂風暴雨，隨時都有遭受滅頂災禍的可能。可是，中日兩國人民為了相互貿易，曾不顧生命危險冒著驚濤駭浪，或東渡，或西來，從未間斷，在中日文化交流史上寫上了一頁又一頁的感人事蹟。

三、風靡歐洲的中國瓷

中國瓷器是怎樣運到歐洲去的呢？由於歐洲離我國較遠，所以最早出現在歐洲的瓷器並不是直接從我國運去的，而是通過波斯、埃及等國傳過去的，而且數量極少，因而瓷器在歐洲就更顯得身價百倍了。那時，在土耳其和歐洲等國家有不少關於中國瓷器的傳說。

16世紀初，奧斯曼土耳其人阿裡厄克貝在《中國見聞記》一書中談到有關中國瓷器的特點：不管注入什麼東西，都能使渣子沉澱，經久耐用；只有金剛鑽才能劃傷它，而金剛鑽也只有用這種方法才能鑒別；用瓷器吃飯喝水，能身強力壯；儘管質地堅硬，對著油燈或太陽照看，能從內側透過器壁看到外側的圖案。甚至還有人相信中國瓷器可以防毒，青瓷碰到毒藥馬上就會變黑。又如16世紀有一個法國作家潘西羅在一本書中寫道："瓷器是由雞蛋殼和搗碎了的貝殼製成的，它最大的優點在於，如把毒藥放到裡面，它就會炸成碎片。"所以，直到18世紀，在歐洲確實還有人相信瓷器是用雞蛋殼和貝殼製成的。

油畫《諸神之宴》局部

中國瓷器在歐洲的價值，更是無法形容。1717 年 4 月 19 日，世界外交史上出現了一件奇聞。撒克遜選帝侯奧古斯特二世是個中國瓷器迷，有著特殊的愛好，只要是精品，就不惜一切代價都要得到。他還特地建造了一座宮殿，專門用來珍藏中國瓷器。鄰國的普魯士國王威廉的妃子也非常喜愛瓷器，收藏有不少精緻的中國瓷器。奧古斯特對這批瓷器一直是垂涎三尺。無獨有偶，威廉國王也有個特殊愛好，喜歡大個子兵。他的御林軍都是魁偉健壯的大個子兵，所以他也看中了奧古斯特的衛兵。於是，他們通過外交談判達成了交換的協議，奧古斯特即用 600 名士兵換回了 127 件中國瓷器。這件事情的本身是很荒唐的，但它從一個側面反映了中國瓷器的貴重。

　　那麼，這些貴重的中國瓷器從什麼時候，通過什麼途徑開始傳到歐洲去的呢？唐、宋時，中國瓷器的貿易主要操縱在阿拉伯人手裡。

　　唐代，中國商船已可遠航到阿曼、波斯、巴林沿海一帶，上述各地商船也可直接同中國廣州、泉州等港口通航。中國船將貨物運到西拉夫後，就換船通過紅海再運到埃及。中國瓷器隨著中外商船遠涉重洋運到了北非。在紅海沿岸的科塞爾，尼羅河上游的底比斯、庫夫特，開羅近郊的福斯塔特遺址，都發現了大量的中國瓷器。其中，福斯塔特遺址出土的遺物特別豐富，有唐三彩、越窯青瓷、邢窯白瓷、元青花、長沙窯青瓷等，碎片共達一萬餘片。

　　宋代，中國瓷器更大量地運銷到國外。到了南宋，由於疆土日蹙，朝廷財政困難，國外貿易已成為國庫的重要收入。因此，對外貿易更有了很大發展，當時來中國通商的有大小數十餘國。但對外貿易愈大，中國錢幣流出海外的也愈多。為了防止錢幣流出海外因而出現錢荒，南宋繼唐代頒佈關於錢幣輸出禁令之後，在 1219 年又規定凡買外貨須以絲帛、錦綺、瓷器、漆器等為代價交換。這樣一來，宋代瓷器更多地輸出海外了，而且還遠銷到了東非海岸國家。

　　歐洲人很可能是通過地中海到埃及的亞歷山大港販運中國瓷器的，但阿拉伯商人賣給歐洲人的中國瓷器不多。因此，傳到歐洲去的中國瓷器都被看作是無價之寶珍藏起來，有的還用金、銀等鑲嵌。目前，有記錄可查的是由匈牙利路易大王珍藏，並於 1381 年鑲嵌銀子的景德鎮青白瓷瓶。

　　1517 年，葡萄牙商船第一次駛入廣州港，成為歐洲第一個同中國進行直接貿易的國家。自此，從前最遠只運到地中海和東非海岸的瓷器，已經繞過好望角沿著西非海岸北上，到達歐洲了。不過，這時運到歐洲去的中國瓷器的數量還是不多的。

1602 年，荷蘭東印度公司的艦隊擄獲葡萄牙商船"聖亞哥號"，把船上裝載的中國瓷器搶劫一空並運到米德伯奇當眾拍賣。於是，接觸到中國瓷器的歐洲人逐漸增多起來。1604 年之後，荷蘭人又擄掠了一艘葡萄牙商船"卡特麗娜號"，把船上裝的 30 多噸瓷器，在阿姆斯特丹拍賣，轟動了歐洲。購買者來自歐洲各地，法皇亨利四世買到了一套極其精緻的餐具，法國的許多大臣也購買了瓷器。英國國王詹姆斯一世也買了一些瓷器，而歐洲的王公貴族們對從未見過的閃閃發光、鏘鏘作聲、薄如蛋殼的瓷器感到驚奇、羨慕，進而倍加推崇。荷蘭東印度公司也因有厚利可圖，就積極地並定期從中國販回瓷器了。1610 年，有一本叫作《葡萄牙王國記述》的書對中國瓷器讚譽有加："這種瓷瓶是人們所發明的最美麗的東西，看起來要比所有的金、銀或水晶都更為可愛。"可是，瓷器在當時是貴重的奢侈品，它的價值等同黃金，一般人是無法問津的，而精美的中國瓷器更成了王公貴族生活中不可缺少的東西，在客廳裡、餐桌上，都以擺設、使用中國瓷器來顯耀他們的豪華富貴。

歐洲上層社會的大量需要和瓷器貿易獲利之巨，促使歐洲各國商人學習荷蘭人從事瓷器貿易。法國於 1664 年創設公司，並派遣"安菲特裡特號"於 1698 年首次駛入廣州港，裝載了 167 箱瓷器回國。英國從事中國瓷器貿易後逐漸代替了荷蘭的地位。1700 年英船"馬克列菲爾德號"首次駛入廣州港裝載瓷器。從此以後，英國便開始大量輸入中國瓷器，到了 1774 年，英國有 52 家專門從事中國貿易的商號，德國、丹麥、瑞典等國也都先後創設公司，販運中國瓷器。

具有巨大實用性和藝術性相結合特點的中國瓷器，也成為珍貴的饋贈禮物。埃及王於 1447 年向法國查理七世、1487 年向義大利美第奇王、1490 年向威尼斯總督分別贈送了極為精緻的中國瓷器。

顏色幽邃美觀的青花瓷器引起了歐洲美術界的極大興趣。畫家

7 頭妖怪海德拉克拉克瓷碗

們在靜物畫中，常把裝有水果的青花盤或大碗作為描繪的題材。歐美的博物館就藏有這類題材的繪畫。

　　明清時代商品經濟的發展，進一步推動了瓷器在海外的市場活動。因此，我國各瓷場製造了相當一部分專供出口用的瓷器。從明朝中期開始還出現了歐洲人定製的瓷器，他們要求用王室紋章或王公紋章作為瓷器的裝飾。現在還存有幾件飾以曼紐爾一世葡萄牙王室紋章和曼紐爾私人紋章的青花瓶，底部有"正德年款"。這是目前所知道的最早的中國製作的紋章瓷器。17世紀後期，法王路易十四曾派人到廣州定製飾有法國紋章、甲冑的瓷器。

　　到了18世紀後期，又出現了一種新的方法，即把中國燒製的樣盤裝在"樣箱"裡運到歐洲。樣盤的邊框的彩飾成四等分或八等分，每一部分都繪有不同的彩飾。英國維多利亞與阿爾巴特博物館所藏的一個樣盤上，每種彩飾都用加彩阿拉伯明，以便與另附標價目錄對照；瑞典哥德堡歷史博物館也收藏有這類樣盤。中國除了接受訂貨之外，而且還燒製一些樣品送往國外，這些都充分說明，中國的瓷器貿易在原有的基礎上又有了新的發展。

基督圖案蓋罐（明）

四、製瓷技術向外傳播

四大發明對人類做出的巨大貢獻是通過技術的傳遞來完成的。絲綢和瓷器在世界上產生的深遠影響則是先通過產品的遠銷，然後才是技術傳遞，但在此以後仍以其精良的質地和優美的紋飾而繼續盛銷海外。

中國瓷器輸出所產生的影響是多方面的，就國外瓷製造而言，可包括兩個方面。首先是在製瓷方面儘量模仿中國瓷器的器形與紋飾。這在亞、非、歐一些國家的製瓷業中不同程度地存在著，如埃及製瓷業就出現過三次仿中國瓷器的浪潮。第一次在 10 世紀前後，主要模仿唐三彩、越窯青瓷和定窯白瓷，有的模仿裝飾，有的模仿器形，甚至模仿越窯和定窯碗足的玉璧底形式；第二次是在 11 世紀後半葉至 14 世紀，主要是模仿龍泉青瓷的器形、釉色、貼花工藝及器內外的刻畫紋飾，其模仿數量之大令人吃驚，如在福斯塔特的一個小遺址中，出土龍泉青瓷 109 片，而埃及仿龍泉青瓷的陶片則有 6917 片，兩者數量相比近 1：70；第三次是在 14 世紀下半葉以後，主要是仿製元、明青花瓷，並有專門作坊經營，仿製品非常成功，甚至可"以假亂真"。

外國學習中國的製瓷技術，起初是聘請中國製瓷工匠到外國建窯製瓷。如據傳泰國著名國王蘭甘亨，即《元史》中的敢木丁，曾在 1294 年、1300 年兩次來華。他帶走中國的製瓷匠人，在素可泰建立窯場，其產品稱"素可泰瓷"。後因此地瓷土欠佳，又把窯場遷至其北 85 千米的宋加洛附近，其產品稱"宋加洛瓷"。該窯到 15 世紀衰落，約 1464 年以後停止生產。這兩窯主要生產磁州窯型、龍泉窯型和青花瓷器。另外據傳越南、伊朗也曾聘請過中國匠師前往製瓷。

隨後，派人來中國學習製瓷技術。如南宋時日本人加藤四郎景正，隨道元禪師到中國浙江和福建學習製瓷術而歸，曾在尾張瀨戶開窯燒製黑瓷，時人稱為"瀨戶燒"，開日本製瓷術的新紀元。加藤四郎被日本人稱為"陶器之祖"。在明朝正德年間，日本有五郎大夫祥瑞來到景德鎮學習製瓷技術，5年後回國，在肥前的有田開窯燒造，又在奈良的鹿脊山燒瓷，其產品大受

瀨戶燒瓷器（南宋）

歡迎。中國製瓷技術在傳入日本的過程中，尚有一段佳話。明末清初時，浙江余杭縣人陳元贇多才多藝、能詩善畫，並在河南少林寺習武，可謂文武雙全。他33歲孤身旅日，在日本娶妻生子，85歲逝世於名古屋。他在日本頗有名聲，而且以改良瓷藝著稱。他曾主持"御庭燒"，選用瀨戶土，輸入中國黃釉，自為書畫，產品為時人所重，稱"元贇燒"，流傳至今，為收藏家所珍視。他的技術為日本陶工繼承，代代相傳，時至今日。名古屋以製瓷著名，應與陳元贇曾在此製瓷有關。

　　歐洲從15世紀開始仿製中國瓷器，生產出軟質瓷，但還不能稱作是真正的瓷器。1709年，德國人包特格爾在德累斯頓經數年試製，終於燒出歐洲第一批硬質瓷。他於1710年在麥森設立瓷廠，其產品優良，暢銷歐洲諸國，世稱"麥森瓷"。後來，製瓷術為歐洲各國所掌握。歐洲人雖獨立研製並掌握製瓷技術，但無疑受到了中國瓷器的影響，經過長期的仿製後才研製成功的。由於歐洲各國都建立了瓷廠，18世紀末中國出口瓷器銳減。鴉片戰爭後，中國瓷器生產進一步衰落，到19世紀末，一些歐洲國家生產的瓷器反而輸入到中國。這種反常現象在中華人民共和國成立以後才得到根本的扭轉。

　　綜觀上述所談的情況，可以看出我國從發明瓷器以後的一千多年中，瓷器大量遠銷到國外，隨著瓷器的輸出，製瓷技術也傳播到世界各地，對豐富世界的物質文明起了重大的作用。瓷器不但在日常生活中給了各國人民很大的方便，而且還給了他們巨大的藝術享受。今天，新中國的瓷業在發揚傳統技術的基礎上更加欣欣向榮，鮮豔奪目。

國家圖書館出版品預行編目（CIP）資料

中華文化叢書：瓷器 / 劉行光 編著. -- 第一版.
-- 臺北市：崧博出版：崧燁文化發行, 2019.05
　　面；　　公分
POD版

ISBN 978-957-735-875-2(平裝)

1.瓷器 2.中國文化

541.26208　　　　　　　　　　　　　　　108006979

書　　名：中華文化叢書：瓷器
作　　者：劉行光 編著
發 行 人：黃振庭
出 版 者：崧博出版事業有限公司
發 行 者：崧燁文化事業有限公司
E - m a i l：sonbookservice@gmail.com
粉絲頁：　　　　　　網址：
地　　址：台北市中正區重慶南路一段六十一號八樓815室
8F.-815, No.61, Sec. 1, Chongqing S. Rd., Zhongzheng
Dist., Taipei City 100, Taiwan (R.O.C.)
電　　話：(02)2370-3310　傳　真：(02) 2370-3210
總 經 銷：紅螞蟻圖書有限公司
地　　址：台北市內湖區舊宗路二段 121 巷 19 號
電　　話:02-2795-3656 傳真:02-2795-4100　網址：
印　　刷：京峯彩色印刷有限公司（京峰數位）

本書版權為西南師範大學出版社所有授權崧博出版事業股份有限公司獨家發行電子書及繁體書繁體字版。若有其他相關權利及授權需求請與本公司聯繫。

定　　價：310元
發行日期：2019 年 05 月第一版
◎ 本書以 POD 印製發行